GARTENRUNDEN

Einblicke in einen Garten

Brigitte Hiti

GARTENRUNDEN

Einblicke in einen Garten

Fotos von Hartmann Hiti

Weishaupt Verlag

Umschlag-Foto: *Clematis durandii*
Seite 1: Federbuschstrauch, *Fothergilla major; Rhododendron schlippenbachii*
Seite 2: Himalajamohn, *Meconopsis betonicifolia*
Bild oben: Wasserstelle mit Fingerhut und Lavendel

Gestaltung: Hartmann Hiti
Bildredaktion: Heimo Bauer
Umschlaggestaltung: Vally Steinbach

ISBN 978-3-7059-0266-4
1. Auflage 2008
© Copyright by Herbert Weishaupt Verlag, A-8342 Gnas
Tel.: 03151-8487 | Fax: 03151-84874
e-mail: verlag@weishaupt.at | e-bookshop: www.weishaupt.at
Sämtliche Rechte der Verbreitung – in jeglicher Form und Technik – sind vorbehalten
Druck und Bindung: Druckerei Theiss GmbH, A-9431 St. Stefan
Printed in Austria

Inhalt

Gartenrunden

Tempora mutantur, die Zeiten wandeln sich. Es liegt nicht nur im Wesen der Natur, sich ständig zu ändern, sondern auch in der Natur des Menschen, sich Änderungen anzupassen, neue Situationen anzunehmen. Wo früher Schaukeln, Turngeräte, Spielwiesen mit fliegenden Bällen und im Winter Rodelbahnen den Großteil unseres Gartens in Anspruch genommen

haben, ist mittlerweile Ruhe eingekehrt. Wege mit Strauch- und Blumenbepflanzungen sind an ihre Stelle getreten und steile Hänge werden nun durch Steinmäuerchen abgefangen.

Die Wege im Garten sind so angelegt, dass sich größere und kleinere Runden ergeben. Sie sind zu unseren unverzichtbaren, geliebten Gartenrunden geworden.

Solche Gartenrunden am frühen Morgen sind getragen von Seelenruhe und Zufriedenheit, wenn man es schafft, die Gartenschere einmal nicht mitzunehmen, die Beherrschung aufbringt, an Verblühtem vorbeizuspazieren, ohne zu schnipseln und zu zupfen. Man durchwandert den Garten mit großer Aufmerksamkeit, bewundert Blüten, die sich über Nacht ent-

Das Atrium hat wenig Lichteinfall, aber genug für die schattenliebende Wachsglockenblume, *Kirengeshoma palmata*. Im Hintergrund strebt der Federmohn, *Macleaya cordata*, mit seinen dekorativen Blättern und hohen Blütenrispen dem Licht entgegen.

faltet haben, und findet aufmunternde Worte für kränkelnde und schwache Pflänzchen. Die Bäume, Sträucher und Blumen sind zu Schützlingen geworden, mit denen man so manches vertrauliche Gespräch führt. Das mag für Außenstehende zwar sonderbar klingen, der Liebhaber seines Gartens jedoch wird mir beistimmen und sich vielleicht selbst schon bei derlei Tête-à-Têtes ertappt haben. Meist sind es lobende Worte, Worte der Bewunderung für unsere Pflanzen, die

keiner Antwort bedürfen. Stellt man aber konkrete Fragen, wird man nicht umhin kommen, sich einschlägiger Fachliteratur zu bedienen, denn die Sprache der Blumen wird uns ihr letztes Geheimnis nicht preisgeben.

Arbeitsgartenrunden sind, wie ihr Name schon vermuten lässt, etwas zeitaufwändiger und anstrengender, doch der Garten verlangt eben nach dem Gärtner, um überhaupt erst so etwas wie ein Garten sein zu können. Man taucht in ihn ein,

hat Zeit und alles sonst so Wichtige um sich vergessen und wird im wahrsten Sinne des Wortes mit Leib und Seele von ihm in Besitz genommen. Diese intensive Beschäftigung mit den Blumen, Sträuchern und Bäumen auf Arbeitsrunden weckt beim Gärtnern neue Ideen, die sich zwar manchmal als phantastische Trugbilder herausstellen, manchmal aber auch glücken und gelungene Pflanzenkombinationen entstehen lassen.

Ende Mai streune ich durch die entle-

Die Ausblicke von den Wegen im Garten bleiben immer dieselben. Die Anblicke ändern sich von Tag zu Tag, von Woche zu Woche, von Monat zu Monat. Momentaufnahme: die Iris in Blüte, die Strauchkastanie mit Blütenknospen, dahinter der Silberhartriegel im lange beständigen Blattschmuck.

gensten Winkel im Garten und benütze meine Runden, um auf „Pflanzenjagd" zu gehen. Der alte Komposthaufen entpuppt sich oft als Fundgrube und meist finde ich das Auslangen an einjährigen und zweijährigen Pflänzchen. Auch an Wegrändern oder zwischen Steinplatten tut sich einiges. Lichtnelken, Lavendel und sogar Stockrosen, Brandkraut und Alant zeigen ihre Keimblätter zwischen Steinritzen und warten darauf, aus ihrer misslichen Lage erlöst zu werden, in der es kein Weiterkommen für sie gäbe. Steine sind gute Keimplätze. Sie speichern die Wärme und halten die Wurzeln unter sich feucht.

Gärtnern ist ein spannendes Wechselspiel zwischen Wachsenlassen und Ordnen, Hinzufügen und Reduzieren – alles im richtigen Maß, sodass man im Idealfall nicht mehr genau zu unterscheiden vermag, war es die Natur, die ein Pflanzenbild geschaffen hat, oder die Gärtnerhand. Viele Pflanzen, die sich jährlich auf Wanderschaft begeben, wie Lerchensporn, Mohn, Nachtkerze, Fingerhut, Glockenblume, die liebliche Akelei, die Königskerze und über den Zaun zugeflogene Wildpflanzen, lassen ein lebendiges und „natürliches" Gartenbild entstehen. Meist suchen sich die Pflanzen selbst den passenden Platz im Garten und wissen, wo sie das richtige Maß an Sonne oder Schatten, an saurer oder alkalischer Erde

Die Buschmalve, *Lavatera olbia* ‘Rosea', schlägt nach dem milden Winter Kapriolen, was Ausmaße und Blühfreudigkeit betrifft. Auch der Fenchel (linker Bildrand) hat die 3 m-Marke fast erreicht. Der Selbstaussamer muss unbedingt in Schach gehalten werden. Ich lasse nur einige Dolden ausreifen, um die aromatischen Samenkörner als Brotgewürz ernten zu können. Im Vordergrund belagern gelbblättriger Salbei und Ziest den Buchs und die Fadenzypresse. Dazwischen leuchten die weißen Ehrenpreiskerzen, *Veronica spicata* ‘Icicle'.

Clematis texensis 'Duchess of Albany' schlängelt sich entlang des Geländers. Durch ihre lange Blütezeit begleitet sie uns den ganzen Sommer hindurch auf den Gartenrunden.

Einfach zum Nachdenken ... Der immer tätige Gärtner tut gut daran, möglichst viele Rastplätze in den Garten zu integrieren, um ihn auch selbst gewähren zu lassen. Mit Blick auf den Lotosteich und *Iris kaempferi* wird das „Laisser-faire" erleichtert.

für ihr Gedeihen vorfinden. Sie geben uns damit oft gute Anhaltspunkte bei der Bepflanzung und erteilen uns manchmal auch eine Lektion. Das sollte uns aber nicht davon abhalten, mit Mut neue, interessante Farbzusammenstellungen zu probieren, Althergebrachtes beiseite zu legen und mit Neulingen Bekanntschaft zu machen.

Das griechische Wort „paradeisos" bezeichnet, aus dem Persischen kommend, Park- und Gartenanlagen. Im Grunde genommen also aus dem Orient übernahmen wir nicht nur den Ausdruck „Paradies", sondern auch die Gartenkultur. Ein kleines, geheimnisvolles Paradies, eine Art hortus conclusus für Geist und Seele ist der Garten für uns geworden, der sich erst durch unser Zutun nach und nach entwickelt. In ihm versuchen wir unsere Phantasiebilder und Ideen einzubringen, ein bisschen Maler zu spielen, mit Farben und Formen zu jonglieren in der stillen Hoffnung, dass die Pflanzen nicht allzu viel dagegen haben.

So wie sich die Natur in unserem Garten Freiheiten herausnimmt, räume auch ich mir als Gartenliebhaberin Freiheiten ein, wenn ich in diesem Buch von meinen persönlichen Erfahrungen über unseren Garten mit seinen Pflanzen schreibe. In einem Hausgarten von knapp 4 000 Quadratmetern kommt man auf seinen täglichen Gartenrunden immer wieder an denselben Plätzen vorbei, und trotzdem ist der Anblick immer wieder ein anderer. Es sind die Pflanzen selbst, die sich ändern, sodass jedes Fleckchen Garten zu den verschiedenen Jahreszeiten einen harmonischen und ästhetischen Anblick bietet, einen bezaubert und manchmal auch überwältigt und an dem ich mit Heinrich Heine sagen kann: „Ich wandle unter Blumen und blühe selber mit."

Aufheiterung im Rhododendron- beet

Die weißen Kolben der Federbüsche, *Fothergilla major,* durchziehen die so farbenprächtigen Rhododendren. In Zuckerlrosa *Rhododendron schlippenbachii,* zu seinen Füßen die dichten Polster der Rosmarinheide, *Andromeda glaucophylla* 'Latifolia', und *Andromeda polifolia* 'Compacta'.

Links im Vordergrund die zangenförmigen Knospen der Azalee, *Rhododendron* 'Irene Koster', die nach dem Erblühen zum Dufterlebnis wird. An heißen Sommertagen duften sogar noch ihre Blätter.

11

Rosenbäume in abwechslungsreicher Gesellschaft

Im Mai, wenn die immergrünen *Rhododendren* (rhodon = Rose; dendron = Baum) und die kleinblumigen und meist Laub abwerfenden Azaleen (botanisch gehören alle Azaleen zur Familie der Rhododendren) in voller Blüte stehen, ist mir der Farbenrausch unter den alten Kiefern zu überschwänglich. Das übrige Jahr hindurch sind die Moorbeete aber eher eintönige, dunkle Blattlandschaften. Das wäre weiter nicht störend, hätte unser Garten die Größe einer englischen Parkanlage, wo man sich auf einen anderen Pfad begeben kann, um in ein neues blühendes Areal zu gelangen. In kleineren Gärten, wie in unserem, begleiten uns

diese Pflanzen auch in ihrer Ruhephase auf jeder Gartenrunde. Um die Moorbeete etwas aufzulockern und sie auch zu anderen Jahreszeiten ins Blickfeld zu rücken, suchte ich nach Begleitern, die sich ebenfalls in saurer Erde wohl fühlen. Magnolien, Blumenhartriegel, Hortensien, Lavendelheide, Prachtglocke, Federbuschstrauch, Sumpfrosmarin und einige Stauden, wie Funkien, Farne und sogar Mohne, mischen sich nun zwischen die Rhododendronbüsche.

Am Rande des Moorbeetes blüht die Sommermagnolie, *Magnolia sieboldii*. Sie wächst zu einem breit ausladenden, 3–4 m hohen Strauch heran. Zwischen

ihren weichen Blättern sitzen ab Mai die Knospen wie weiße Vogeleier. Die reinweißen Blüten hängen nickend an den Zweigen und es lohnt sich ein Blick in den Blütenkelch mit den orangerot gefärbten Staubgefäßen. Nach der Blüte bilden sich zapfenähnliche Fruchtstände, aus denen orangefarbene Samen quellen. Sie allein sind es wert, den Strauch im Garten zu pflanzen.

Die ursprüngliche Heimat der Magnolien ist einerseits Ostasien und andererseits Amerika. Die amerikanischen Magnolien blühen über einen längeren Zeitraum, meist von Juni bis Juli, nach der Laubentfaltung. Die meisten ostasiatischen

Magnolia sieboldii: Blick in das Innenleben der Blüte mit roten Staubgefäßen. Aus den dekorativen Früchten quellen orangerote Samen.

Über der flammendroten Azalee, *Rhododendron Knap Hill* 'Exbury', hängen die nickenden Blüten der Magnolie.

Arten blühen schon im März oder April, also vor der Laubbildung. Die Blüten sitzen an den kahlen Zweigen und können sich ihrer Wirkung gewiss sein. Aber eine einzige Frostnacht kann der Pracht ein jähes Ende bereiten. *Magnolia sieboldii* und auch die bordeauxfarbige *Magnolia liliiflora* 'Nigra' stammen zwar aus Asien, machen jedoch eine Ausnahme. Sie stehen zwischen den beiden Gruppen. Beide blühen gleichzeitig mit dem Blattaustrieb. Ihre Hauptblütezeit ist erst Ende Mai, wenn keine Nachtfröste mehr zu befürchten sind. Vereinzelte Blüten erscheinen oft noch bis Juli/August. Ein weiterer Vorteil

dieser beiden Magnolien ist ihre Bodentoleranz, das heißt, sie sind bis zu einem gewissen Grad auch kalkverträglich.

Auch die Purpurmagnolie, *Magnolia liliiflora* 'Nigra', hat viele gute Eigenschaften, die das Gärtnerleben erleichtern. Sie wächst weder zu hoch noch zu breit, also gerade richtig auch für kleinere Gärten. Jahr für Jahr erscheinen ihre 10–12 cm großen Blüten in majestätischem Dunkelweinrot.

Nach der Hauptblüte sieht sie zwar etwas schlampig aus: ihre schwarzbraun verblühten Tepalen hängen schlaff zwischen den Blättern. Ein scharfer Wasser-

strahl aus dem Gartenschlauch putzt den Strauch wieder frei. Diese Methode mag zwar barbarisch erscheinen, ist aber sehr wirksam. Nachkommende Blüten kommen zwischen den glänzenden, sattgrünen Blättern wieder gut zur Geltung, und für Wassergaben sind Magnolien immer dankbar.

Es ist mir wohl bewusst, dass Magnolien nicht geschnitten werden sollen und schon gar nicht im Februar. Es ist aber jedes Jahr das Gleiche: der Winter will nicht enden, und so hole ich einen Zweig ins Haus. Das hat mir unsere alte Magnolie noch nie übel genommen. Es ist fas-

Magnolia liliiflora 'Nigra', im Hintergrund *Cornus florida* 'Rubra', der rosarote Blumenhartriegel. Erst wenn der Blumenhartriegel ganz erblüht ist, harmoniert er mit der weinroten Magnolie. Der formierte Wacholder greift farblich beschwichtigend ein.

zinierend, die Entwicklung der Blüte so hautnah im Wohnzimmer beobachten zu können, sozusagen im Zeitlupentempo, von der festen Knospe bis zum Öffnen der samtigen Blütenschalen. Bis sich die noblen Blüten ganz zeigen, vergehen einige Wochen.

Vor 18 Jahren fiel mir auf unserem Markt ein winzig kleines Pflänzchen auf. Es „blühte" rot. „Für den Steinblumengarten", erklärte mir die Marktfrau, und dort landete es auch: in trockenheißem, alkalischem Terrain – und es gedieh. Erst Jahre später fand ich die Pflanze in einem Botanikbuch.

Das mittlerweile zu einem mannshohen Strauch herangewachsene Pflänzchen ist die Japanische Lavendelheide, *Pieris japonica*. Sie stammt aus dem Bergland japanischer Inseln. Die Lavendelheide gehört der botanischen Familie der Ericaceen an und wächst in humusreichem, leicht saurem Boden. Das gute Gedeihen meiner Pieris verdanke ich wahrscheinlich dem Umstand, dass sie ihre Wurzeln weit unter eine Bretterterrasse ausbreiten kann. Die Kühle und die Feuchtigkeit darunter gleichen den unpassenden Boden und Standort aus.

Die Lavendelheide hat immergrüne Blätter. Den Glanz der Pflanze aber macht der leuchtend rote Blattaustrieb aus, der von weitem betrachtet Blüten vortäuscht. Im Herbst bilden sich Blütenstände aus, die sich gleich nach Frühlingsbeginn öffnen. Im unteren Bereich hängen die weißen, intensiv duftenden Blüten. Darüber stehen die spitzen, roten Blattaustriebe, wie der kecke Federschmuck des Kiebitzes.

Eine bescheidene – bescheiden nur im Sinne des Pflegeaufwands – und zuverlässige Moorbeetpflanze ist *Skimmia japonica*. Sie ist ein 1–1,5 m hoher, breitbuschiger, immergrüner Strauch mit dicken, glänzenden, lorbeerartigen Blättern. In

Die roten, glänzenden Blattaustriebe der Japanischen Lavendelheide, *Pieris japonica,* täuschen von weitem betrachtet Blüten vor. Die weißen Blütenrispen verströmen süßlichen Duft.

Den ganzen Winter geben diese drei Kleinsträucher am Rande des Moorbeetes ein buntes Bild: *Skimmia japonica, Pieris japonica* 'Valley Valentine', *Pieris japonica* 'Variegata' (v.l.n.r.). *Pieris japonica* 'Variegata' hebt sich mit ihren hellen, weiß gerandeten Blättern wohltuend von den dunklen Grüntönen ab.

ihrer Heimat, die vom Himalaja bis China und Japan reicht, wächst sie im Schatten von Gehölzen. Den Schatten benötigt sie vor allem gegen die Frühjahrssonne, die für ihre Blätter gefährlich werden kann und sie verbrennt. Den ganzen Winter über stehen die dunklen, rostroten Blütenknospen in dichten Rispen an den Zweigenden. Ihr Zierwert ist in der tristen Gartenzeit besonders hoch einzuschätzen. Im März/April verwandeln sich die roten Perlen in weißrosa, sternförmige Blüten. Im Winter geschnittene Zweige halten wochenlang in der Vase und manch einer schlägt sogar Wurzeln.

Im Frühling und im Herbst macht der erlenblättrige Federbuschstrauch, *Fothergilla major*, auf sich aufmerksam. Im Mai öffnen sich die grünen, korkenähnlichen Knospen zu fedrigen, cremeweißen Blütenquasten, die zwischen den rosa Blüten der Azaleen erst richtig zur Geltung kommen und mich auch deshalb erfreuen, weil sie Duft im Moorbeet verbreiten. Die runden, lederartigen Blätter färben sich im Herbst flammend scharlachrot und orangegelb. Der Federbuschstrauch wird bis zu zwei Meter hoch. Er bildet mehrere halbkugelige Kronen mit stark verzweigten kleinen Ästchen, die so dicht sind, dass sie allen Schnee auf sich laden und unter der Last leicht brechen. Die Prachtglocke, *Enkianthus campanulatus* (griech. enkýos = schwanger, trächtig; ánthos = Blüte), wächst in unserem Moorbeet zwar nicht

üppig, besticht aber durch ihren bizarren, etagenförmigen Wuchs. An den Rand des Beetes gepflanzt, kommt ihr schöner Aufbau am besten zur Geltung. Sie wird bis zu drei Meter hoch und bildet eine kleine, lockere Krone. Die cremefarbigen, rot geäderten, zierlichen Glöckchen blühen im Juni und stehen in hängenden Doldentrauben zusammen. Das hat ihr vielleicht den eigenartigen griechischen Namen beschert, der so gar nicht zur Anmut der

Pflanze passt. Nach der Blüte entfernt man die Glöckchen besser. Sie werden braun und fallen ohne Handanlegen zu spät ab. Im Herbst hat die Prachtglocke ihre zweite hohe Zeit, wenn sich die kleinen Blätter in leuchtendes Rot verwandeln. In japanischen Gärten findet man die Prachtglocke häufig, da sie sich, wie auch die Azalee, jeden Schnitt gefallen lässt.

▷ Rhododendron und Prachtglocke, *Enkianthus campanulatus*, unter der Schwarzkiefer
Die Prachtglocke bildet schon in jungen Jahren kleine Etagen aus, wodurch sie an Zierlichkeit gewinnt.

◁ Die weißen, duftenden Quasten des Federbuschstrauchs, *Fothergilla major,* lassen sich mit vielen Rhododendren arrangieren, hier mit 'Irene Koster'.

Die Kleinen
und Zarten
im Moorbeet

Ende April beginnen sich die magentaroten gestielten, runden Knospen der Rosmarinheide, *Andromeda glaucophylla* 'Latifolia', aufzuplustern. Diese dicht verzweigten, immergrünen Kleinsträucher bilden mit ihren bereiften, graugrünen Blättern einen würdigen Rahmen für Moorbeete.
Die flammengleichen Blüten im Hintergrund gehören der spät blühenden Duftazalee, *Rhododendron* 'Irene Koster'.

19

Liebreiz im Detail: die Rosmarinheide, Andromeda

Ein besonders anmutiger Zwergstrauch für den Rand eines Moorbeetes ist die silbrigblättrige Rosmarinheide, *Andromeda glaucophylla* 'Latifolia'. Ende April beginnen sich die rosa gestielten, runden Knospen aufzuplustern, als wären Glasbläser am Werk.

Ihren Namen, Andromeda, erhielt sie von einem ganz Großen in der Botanik, nämlich vom schwedischen Botaniker, Naturforscher und Arzt Carl von Linné (1707 bis 1778). Noch als Student wurde er von der Wissenschaftlichen Gesellschaft in Uppsala mit einer Forschungsreise nach Lappland beauftragt. Von der Exkursion kam er mit einer großen Menge getrockneter, bisher unbekannter Pflanzen zurück. Er legte eine Sammlung an und verfasste das Werk über die „Flora lapponica". Darunter befand sich auch der Sumpfrosmarin. Über seine Gefühle beim Anblick dieser lieblichen Pflanze erzählt Linné in seinem Tagebuch „Iter lapponicum" (Lappländische Reise) und vergleicht die Blume mit Andromeda. Ein kurzer Rückblick in die griechische Mythologie soll zum Verständnis beitragen, woran Linné bei der Namensgebung dachte: *Kassiopeia,*

Gemahlin des Königs Kepheus in Äthiopien, rühmte sich, schöner zu sein als die Nereiden, die Meeresnymphen. Beleidigt wandten sich diese an den Meeresgott Poseidon, der sogleich eine Sturmflut und ein menschenverschlingendes Ungeheuer nach Äthiopien sandte. Nach einem Orakelspruch konnte das Land nur durch den Tod eines schönen Mädchens von diesem Untier befreit werden. Es war Andromeda, die an einen Uferfelsen gekettet dem Meeresungeheuer zum Fraß vorgesetzt wurde. Perseus, ihr Retter, eilte herbei, tötete das Ungeheuer und nahm sich als Belohnung die schöne Andromeda zur Frau.

Blicken wir zum Zenit, so finden wir alle Beteiligten eng beisammen als Sternbilder am nächtlichen Himmel.

Begeistert vom Anblick der rosa Blüten schreibt Linné in seinem Tagebuch:

„Sie stand nun in ihrer schönsten Pracht und gab den Mooren einen herrlichen Zierrat. Ich sah, wie sie, ehe sie ausschlägt, ganz blutrot ist, aber wenn sie zu blühen anfängt, vollkommen rosafarbene Blätter hat. Ich bezweifle, dass ein Maler imstande ist, auf das Bild einer Jungfrau solche Anmut zu übertragen und ihren Wangen solche Schönheit als Schmuck zu verleihen. Keine Schminke hat das je erreicht. Da ich sie zum ersten Mal sah, stellte ich mir Andromeda vor, wie sie von den Poeten abgebildet wird. Je mehr ich an sie dachte, desto mehr wurde sie mit dieser Pflanze eins. Denn wenn sich der Poet vorgenommen, sie mystice (auf mystische Weise) zu beschreiben, hätte er sie auf diese Art nicht besser treffen können. Andromeda wird als eine außergewöhnliche Jungfrau beschrieben, als ein Frauenzimmer, deren Wangen noch diese Schönheiten besitzen.

Sie steht mitten im Wasser auf einem Grashocker, auf der sumpfigen Wiese, gleichsam Andromeda, auf ein Felseneiland gebunden, bis an die Knie im Wasser, nämlich bis über die Wurzeln. Stets ist sie von vergiftenden Drachen und Getier umgeben, id est die hässlichen Kröten und Frösche. Da steht sie und lässt voller Traurigkeit ihren Kopf hängen, ihre rosawangigen capitula florum (Blütenköpfchen)" (zit. bei D. Heß).

Damit erhalten wir den seltenen Blick hinter die Kulissen bei der Namensfindung einer Pflanze.

Andromeda polifolia 'Nana' wächst niedrig und hat schmale, grüne Blätter. Die Blüten mitsamt den Stielen erscheinen in intensivem Rosa.

◁ *Andromeda glaucophylla* 'Latifolia' mit ihren rosawangigen Blütenköpfchen

Carl von Linné bringt Ordnung in die Namensgebung der Pflanzenwelt

Seinen großen Ruhm erlangte Linné durch die Vereinheitlichung der botanischen Fachsprache, die bis heute in der Botanik ihre Gültigkeit hat.

Die Anzahl bekannter Pflanzen stieg bis ins 18. Jahrhundert enorm. Missionare, die sich nicht nur um das Seelenheil bemühten, sondern auch botanisierend im asiatischen Bereich unterwegs waren, brachten Heil-, Nutz- und Zierpflanzen nach Europa. Pflanzenjäger wurden im Auftrag botanischer Gärten, wenn es um Nutzpflanzen ging, auch vom Staat ausgeschickt, um Samen, getrocknete Pflanzen für Herbarien und frische Pflanzen zu beschaffen. Dazu kamen die vielen Sammler aus Leidenschaft oder Abenteuerlust. Mit der Anzahl der entdeckten Pflanzen stieg die Anzahl an Namen. Oft erhielt ein und dieselbe Pflanze mehrere lateinische Namen, die oft Satzlänge annah-

men. Das führte zu Irrtümern. Carl von Linné ordnete in seinem Pflanzenregister „Species plantarum" (1753) alle Pflanzen konsequent nach dem System der binären Nomenklatur: Jeder Artname einer Pflanze besteht aus zwei Wörtern, nämlich dem Gattungsnamen, der an erster Stelle steht und groß geschrieben wird, und der Artbezeichnung, die dem Gattungsnamen nachgestellt und klein geschrieben wird. In der Botanik werden beide Namen kursiv geschrieben. Eine weitere Bezeichnung unter einfachen Anführungszeichen weist auf Sorten aus gärtnerischen Züchtungen hin.

Wie wichtig die genaue botanische Bezeichnung auch für den Amateurgärtner bei seinem Pflanzeneinkauf oder bei der Bestellung ist, merkt er spätestens, wenn er mit Enttäuschung feststellen muss, dass die heranwachsende Pflanze nicht dem entspricht, was er sich eigentlich darunter vorgestellt hat.

Zwei anmutige Partner: Waldmohn und Waldlilie

Mit dem Japanischen Waldmohn, *Hylomecon japonica* (hýle = Wald; mécon = Mohn), beginnt der bezaubernde Mohnreigen am Rande des Moorbeetes. Anfang April erscheinen die hellgrünen, gefiederten Blätter. Darüber breitet sich von April bis Mai ein leuchtender, tiefgelber Teppich aus. Unzählige Blütenknospen stehen einzeln, wie kleine Birnen, auf den zarten Stielen.

Die vier sonnengelben Blütenblätter öffnen sich erst schalenförmig und breiten sich bald flach aus. Nach der Blüte ragen die dünnen Fruchtkapseln wie Stecknadeln aus dem Blätterschopf. Die Samen sind für die Vermehrung nicht so bedeutungsvoll, da sich die Wurzelstöcke im Frühling leicht teilen lassen. Der Waldmohn neigt eher dazu, allen Platz für sich in Anspruch zu nehmen und andere Pflanzen zu verdrängen. In unserem Fall muss sich die edle Waldlilie, *Trillium grandiflorum* (Dreiblatt), gegen den Okkupanten behaupten. Waldmohn und Waldlilie lieben die gleichen Bedingungen. Sie wachsen in tiefen, feuchten, aber gut wasserdurchlässigen, leicht sauren Böden, im Schatten oder Halbschatten.

Beide Pflanzen ziehen im Spätsommer ein. Sie erhalten bis zum nächsten Erscheinen eine Bedeckung aus verrottetem Laub. Das Trillium befreie ich zu diesem Zeitpunkt von den zu nahe gerückten Knollen des Waldmohns.

Herzblattlilien (Funkien, Hosta) treiben im Frühling so spät aus, dass es auch dem Geduldigsten zu viel werden kann. Mit den Knollen des Waldmohns, die zwischen den Funkienstöcken problemlos Platz finden, kann man sich die Wartezeit verkürzen.

Bis die Funkien ihre Blätter entfaltet haben, hat der Waldmohn seine beste Zeit schon hinter sich und zieht sich unter seine Gastgeberpflanze zurück.

Im Frühling entfaltet der gelbe Waldmohn, *Hylomecon japonica*, seine ganze Blühfreudigkeit und Wachstumskraft, während er sich im Spätsommer bescheiden zurückzieht. Die weiße Waldlilie, *Trillium grandiflorum,* hat Mühe, sich gegen den Konkurrenten durchzusetzen und muss von Zeit zu Zeit von ihm befreit werden. Das Dreiblatt ist eine der anmutigsten unter den Waldpflanzen. Auf 30 cm hohen Stielen bildet sich in dunklem Grün eine Dreierblattmanschette, über der die drei reinweißen Blütenblätter leuchten. Auch die zu Spitzen eingerollten, grünen Kelchblätter stehen zu dritt.

Den Hintergrund für diese idyllische Ecke bildet der locker verzweigte Ahorn, *Acer palmatum* 'Linearilobum', mit spitzen, fünffingrigen Blättern. Einen guten Kontrast zum filigranen Wuchs des Ahorns bildet der benachbarte Kirschlorbeer, *Prunus laurocerasus* 'Otto Luyken', in seiner geschlossenen Form. Die schwarzgrünen, glänzenden Blätter und eine Unzahl weißer Blütenkerzen bringen feierliche Stimmung aus dem Hintergrund. Selbst vor dem blauen Günsel, *Ajuga reptans*, auch ein Wucherer, macht der gelbe Waldmohn nicht Halt. Die Zwiebeln des Bärlauchs, *Allium ursinum*, schaffen sich auch in engen Bedingungen noch Platz. Die weißen Blüten sind zwar hübsch, aber mehr noch freut man sich über die schmackhaften Blätter, die schon im März zum Vorschein kommen und eine Bereicherung in die Küche bringen.

Ein romantisches Mohngewächs: der Himalajamohn

Meconopsis betonicifolia, Scheinmohn
Könnte so die gesuchte blaue Blume der Romantik ausgesehen haben?

Blauer Scheinmohn (Tibetmohn, Himalajamohn), *Meconopsis betonicifolia* (mécon = Mohn; ópsis = Aussehen):
Der Monat Juni ist an Blütenschönheiten nicht zu überbieten. Rosen, Lilien, Päonien, Iris, alle haben jetzt ihre hohe Zeit und ziehen die Blicke auf sich. An verborgenen kleinen Gartenplätzen erblüht zur gleichen Zeit eine außergewöhnliche Blume. Sie ist eine schlanke, hohe Erscheinung und sie blüht blau. Beim ers-

ten Anblick dieser blauen Blume dachte ich – Novalis.
Vor mehr als zweihundert Jahren begegneten wir schon einmal einer „blauen Blume". Es war die Zeit der Romantik, die Novalis mit der Suche nach der blauen Blume prägte. In ihr sah er das Sinnbild alles Geistigen und alles Überirdischen.
„Nicht die Schätze sind es, die ein so unaussprechliches Verlangen in mir geweckt haben – aber die blaue Blume sehn' ich

mich zu erblicken." Mit Novalis ist die blaue Blume in der Dichtkunst zum Symbol der Romantik geworden.
Die Symbolkraft der Farbe Blau ist tief in uns verwurzelt. Als Farbe des Himmels und des Wassers vermittelt sie uns das Gefühl der Weite, der Tiefe und des Sphärischen. Solche Eindrücke vermitteln auch Pflanzen im Garten, wenn sie in reinem Blau erscheinen. Doch nur wenige Blumen zeigen dieses wässrige, kühle

24

Himmelblau, das so friedliche Stimmung schafft. Madonnenmohn würde ich die Blume benennen, wenn dieser Name nicht schon an unsere weiße Madonnenlilie vergeben wäre.

Am herrlichen Anblick des Scheinmohns auf feuchten Bergwiesen im Himalaja konnte sich der Engländer Frank Kingdon-Ward erfreuen, der ihn als Erster entdeckte. Der Botaniker, Fotograf, Schriftsteller, Pflanzenjäger und vor allem Abenteurer botanisierte „mit der Dschunke und zu Fuß quer durch China, von der Küste bis zum Rande der Welt" (Whittle). Er brachte in der ersten Hälfte des 20. Jahrhunderts den Aufsehen erregenden „Blauen Mohn" nach Europa. Dass dieser dennoch in unseren Gärten nicht oft anzutreffen ist, liegt wohl an der Schwierigkeit, ihn zu kultivieren. Doch der Aufwand lohnt sich:

So schütter wie nur möglich werden die feinen Mohnsamen auf feuchte Humuserde gesät, mit etwas Sand bedeckt und die Saatschalen einige Zeit ins Wasser gestellt. Sobald die pelzigen Keimblätter greifbar sind, werden sie in Töpfe pikiert. Das ist der kritische Punkt des Überlebens, denn die kleinen Pflänzchen sind äußerst pilzanfällig. Im Juni können kräftige Exemplare ausgesetzt werden. Am besten versucht man es an mehreren Standorten, um herauszufinden, wo sich

Den kühlenden Schatten erhält der Himalajamohn hier von Hemlockstannen und dem Pfeifenstrauch, *Philadelphus coronarius* 'Variegatus'.

der Scheinmohn am ehesten zu Hause fühlt. „Der Schattenmohn braucht einen kleinen, malerischen, verschwiegenen Gartenplatz, um sich auszuleben" (Foerster).

Die wichtige Erdvorbereitung beginnt mit einem tiefen Aushub. Aufgefüllt wird mit einer Mischung aus Humus, reichlich Kompost, gut verrottetem Mist und Torf. Mit 3 000 bis 4 000 Metern Höhe, wie in der Heimat des Scheinmohns, können wir

nicht dienen, wohl aber mit einem halbschattigen, kühlen und windgeschützten Platz. Im Sommer breite ich Laubkompost um die Pflanzen. Er hält den Boden nicht nur feucht, sondern kühlt ihn auch. Wichtig ist, Verblühtes rasch zu entfernen, um die Pflanze nicht unnötig zu schwächen.

Im Herbst ziehen die Pflanzen ein. Tiefe winterliche Temperaturen können dem Himalajamohn nichts anhaben,

Staunässe im Winter aber schadet dem Wurzelstock. Ich stecke Reisigzweige in Zeltform um den Mohn, damit das Wasser nach außen hin abrinnen kann. Unter günstigen Bedingungen können die Pflanzen zumindest sechs Jahre alt werden oder vielleicht auch mehr – wir lassen uns überraschen. Mittlerweile ist der Scheinmohn in unserer alt eingesessenen Grazer Staudengärtnerei erhältlich und das ist beruhigend.

Meconopsis betonicifolia
Die spannenden Augenblicke bei der Geburt der Mohnblüten

▷ Der weiß blühende Silberhartriegel, *Cornus alternifolia* ‘Argentea’, bildet einen würdigen Hintergrund für den blauen Himalajamohn.

Lichtblicke
im Sommer:
Hortensien

Die Hortensie, *Hydrangea sargentiana,* in Begleitung von Astilben mit ihren rosa Kerzenblüten. Ein hochsommerliches Bild entsteht, wenn sich die Stockrose, *Alcea rosea,* zu der Pflanzengruppe gesellt. Stockrosen samen sich selbst aus. Sie genießen in meinem Garten Narrenfreiheit, auch wenn ihre Rosatöne manchmal zu kräftig ausfallen. Im Hintergrund der Hirschkolbensumach, *Rhus typhina* 'Laciniatum', mit scharlachroten, samtigen Blütenkolben.

Die englische Schriftstellerin, Gärtnerin und Herrin von Sissinghurst Castle in Kent, Vita Sackville-West, nennt ihn den venezianischen Sumach. „Venezianisch lässt an all die Brokate und Samte von Tizian und Veronese denken, und genau daran erinnert der glühende Rhus."

29

Die abwechslungsreiche Familie der Hortensien – es gibt an die 80 verschiedene Arten – zählt zu den stimmungsvollsten Blütensträuchern des Hochsommers und des Herbstes. Jahr für Jahr freue ich mich auf den imposanten Anblick, den die Samthortensie, *Hydrangea aspera* 'Macrophylla', ab August im Moorbeet bietet. Die Raublatthortensie (aspera = rau), wie sie auch genannt wird, ist mittlerweile etwa drei Meter hoch und ebenso breit. Der Strauch macht im Laufe des Gartenjahres eine erstaunliche Entwicklung durch. Im Frühling ist er eher unansehnlich mit seinen sperrigen, kaum verzweigten, steifen Stöcken, an deren Ende filzige und zottelige Triebe sprießen. Sobald aber die dunkelgrünen, großen Blätter und die Blütenknospen entwickelt sind, wird er zu einer sehr voluminösen Erscheinung. Die flachen Blütenschirme präsentieren sich

über dem Laub. Die kleinen, violetten Innenblüten werden von einem Nimbus aus weißen Randblüten umgeben.

Hydrangea sargentiana ist eine kleinere Samthortensie, bildet aber mit der Zeit seitliche Ausläufer und wird ein rundlicher Strauch von 1,5 m Höhe und Breite. Sie ist in China heimisch und erhielt ihren Namen nach dem Botaniker Charles S. Sargent (1841–1927), dem damaligen Direktor des Arnold Arboretums in Jamaica Plain (Massachusetts).

Der Pflegeaufwand für diese wunderschönen Blütensträucher ist gering, vorausgesetzt man hat den richtigen Standort gewählt und die besten Bodenbedingungen geschaffen. Im Wurzelbereich wollen sie wie Waldpflanzen behandelt werden, die oberen Etagen hingegen benötigen auch etwas Sonne für die Blütenbildung. Samthortensien gedeihen

am besten in nahrhafter, etwa mit Rindermist angereicherter Moorerde. Den Wurzelbereich schütze ich mit Laubkompost vor dem Austrocknen, denn nichts sieht erbärmlicher aus als eine Samthortensie bei Hitze und Trockenheit. Die großen Blätter erschlaffen und spätestens jetzt muss gegossen werden. Die Sträucher sind zwar große Wasserverbraucher, worauf auch ihr Name hinweist (hydor = Wasser; aggeion = Gefäß), vertragen aber keinen sumpfigen Boden oder Staunässe. Samthortensien sind anscheinend immun gegen Ungeziefer und Krankheiten. Ein wirklicher Feind der Blüten und der zarten Blattaustriebe aber ist der Spätfrost. Von leichten Frostschäden erholen sie sich meist rasch. Ein einziges Mal war es nötig, beherzt zur Schere zu greifen und der kleineren Samthortensie einen kräftigen Verjüngungsschnitt zu verabreichen. Auf

▷　Ein buntes Sommerbild: Hortensie, *Hydrangea macrophylla* 'Blue Wave', Ehrenpreis, *Veronica longifolia* 'Blauriesin', und eine Taglilie zwischen Buchs, *Buxus sempervirens*. Dichte Vorpflanzungen geben den Hortensien einen gewissen Schutz vor dem Austrocknen.

◁　Die Funkie, der Kirschlorbeer, die Zwergfadenzypresse und im Hintergrund der silberblättrige Pagodenhartriegel umrahmen das weiße Bouquet der Rispenhortensie, *Hydrangea paniculata* 'Tardiva'.

die Blüte musste ich zwar bis ins nächste Jahr warten, da Samthortensien am alten Holz blühen. Der greisen Hortensie verhalf die Verjüngungskur aber zu neuer Schönheit. An sich wird bei Tellerhortensien im Frühling nur der vertrocknete Blütenstand des Vorjahres vorsichtig entfernt, um nicht schon vorhandene Knospenansätze zu verletzen. Das gilt auch für die Tellerhortensie, *Hydrangea macrophylla* 'Blue Wave', deren rosa Blüten anzeigen, dass der Boden zu wenig sauer ist, der ph-Wert also zu hoch ist.

Anders verhält es sich bei den weiß blühenden Rispenhortensien. Weiße Blüten werden nicht vom ph-Wert beeinflusst. Anfang April schneide ich bei *Hydrangea paniculata* 'Tardiva' die Äste der Sträucher auf zwei bis drei Knospen zurück. Dadurch entwickeln sich aus diesen Strünken wohlgeformte, straußförmig angeordnete Zweige, an deren Ende die Blütenrispen sitzen. Das Zurückschneiden muss nicht sein, bewirkt aber die Ausbildung von sehr straffen Trieben mit größeren Blüten. Wie ein Chamäleon än-

dern die sterilen Randblüten ihre Farbe von hellgrün in strahlendes Weiß und, um den Herbstfarben Paroli bieten zu können, schließlich in Pastellrosatöne. Zwischen einer Eibe und den Serbischen Fichten zieht die Eichblatthortensie ein breites, dichtes Band. *Hydrangea quercifolia* wird nur 1,5 m hoch, aber fast doppelt so breit. Ihre flachovalen Tellerblüten erfreuen uns monatelang. Sie liegen über den großen, eichenblattähnlichen Blättern, die sich im Herbst purpurn färben, wenn sie genug Sonne erhalten. Mit der

◁ Anfang August entfaltet sich die Hortensie, *Hydrangea aspera* 'Macrophylla', zur zentralen Gestalt im Moorbeet. Kerzenformen haben es so an sich, elegante und feierliche Stimmungen zu zaubern. Hier sind es verschiedene rosafarbene Prachtspieren (Astilben) und die eben erblühende Rispenhortensie, *Hydrangea paniculata* 'Kyushu'. Eine geschnittene Ligusterhecke wird zum optischen Auffänger des Astilbenhanges. Astilben gehören zu den „Ureinwohnern" in unserem Garten. Eine genaue Sortenbestimmung ist daher nicht mehr möglich.

▷ Die Eichblatthortensie, *Hydrangea quercifolia*, zieht ein wogendes, weißes Band. Den krönenden Abschluss bilden die zarten, kandelaberartig wachsenden Silberkerzen, *Cimicifuga racemosa*. Der Wechsel von Horizontalen und Vertikalen gibt dieser einfarbigen Pflanzung in Weiß Spannung.

Zeit entwickeln sich Eichblatthortensien zu dichten Bodendeckern, die man auch für größere Flächen verwenden kann.

Auch klettern können Hortensien, wie z.B. die Herzblatthortensie, *Hydrangea petiolaris* 'Cordifolia'. Sie hält sich mit Luftwurzeln an Mauern fest. An unserer Hauswand benötigte sie für den kurzen Weg von der Pflanzstelle zur Wand fünf Jahre Anlaufzeit und hat im sechsten endlich ihr Ziel erreicht. Ab nun soll es aufwärts gehen.

Der Pflanzenname Hortensie galt lange Zeit als wissenschaftliche Bezeichnung. Mit der Namensgebung der Hortensie ist eine sonderbare Geschichte verbunden, bei der zwei außergewöhnliche Persönlichkeiten eine Rolle spielten, nämlich Louis Antoine de Bougainville und Philibert Commerson. Bougainville erhielt 1766 von der Regierung Frankreichs den Auftrag zur ersten französischen, wissenschaftlichen Erdumsegelung. Bougainville war nicht nur ein hervorragender Seefahrer, sondern auch Diplomat, mathematisches Genie, Forscher und Linguist. Von Brest aus stach er mit zwei Schiffen in See. Er erforschte Inseln in der Tuamotugruppe und in den Salomonen. Die nördlichste Insel der Salomonen ist nach ihm, Bougainville, benannt. Sein Name lebt aber auch in der Kletterpflanze Bougainvillea weiter – heute das Ansichtskartenmotiv mediterraner Länder schlechthin.

Mit an Bord ging der Botaniker und Naturforscher Philibert Commerson. Er war königlicher Hofbotaniker und leidenschaftlicher Pflanzenjäger. In seiner Heimat Burgund forschte und sammelte er von Jugend an Fische, Vögel, Kriechtiere und Fossilien. Die größte Faszination jedoch übte auf ihn die Pflanzenwelt aus. Mit Begeisterung und Leidenschaft sammelte er alles, was für ihn und vor allem für sein Herbarium von Nutzen war. Das mag in seiner Heimat Burgund, wo es im 18. Jahrhundert noch keine Flurgesetze gab, anscheinend ohne Probleme möglich gewesen sein. Seine Leidenschaft ging aber so weit, dass er im Botanischen Garten seiner Universität in Montpellier auf „Pflanzenjagd" ging und prompt vom Botanikprofessor persönlich ertappt wurde. Commerson versuchte diesen Vorfall mit der Behauptung zu rechtfertigen, an „Botanomanie" zu leiden.

▷ Pointillistischer Maler: der Herbst Rispenhortensie, *Hydrangea paniculata* 'Tardiva', Silberhartriegel, *Cornus alternifolia* 'Argentea', Japanischer Ahorn, *Acer japonicum* 'Aconitifolium'

◁ Samthortensienblüte: Die violetten, fertilen (fruchtbaren) Innenblüten werden von einem Kranz aus weißen Randblüten umgeben. Diese sind steril und dienen nur als Lockmittel für Insekten, aber uns zur Freude bei ihrem Anblick.

Commerson schaute sich vor der Abreise nach einem jungen Assistenten um, der ihn auf die Weltreise begleiten durfte. Er hieß Jean Baret, war jung, hilfsbereit und auch kräftig genug, den Großteil des Gepäcks bei Pflanzenexpeditionen zu schleppen. Auf Mallicollo, einer Insel der Neuen Hebriden, wurde die Eintracht gestört. Der Häuptling der Insel empfand innige Zuneigung zu dem schönen, jungen Assistenten Jean Baret und wollte ihn entführen. Das wurde durch Seeleute vereitelt, die Jean Baret zu Hilfe eilten. In diesem Tumult geriet die Kleidung des Assistenten in Unordnung und der Jüngling entpuppte sich zum Staunen aller als

reiselustige, junge Mademoiselle, die sich in Männerkleidern bei Commerson um die Assistentenstelle beworben und ihn „getäuscht" hatte. Jean nahm ihren ursprünglichen Namen Hortense Lepaute wieder an. Nach ihr also erhielten die Hortensien ihren Namen, der lange Zeit auch als wissenschaftliche Bezeichnung galt.

Philibert Commerson war dieser Vorfall mehr als peinlich. Er trennte sich von Bougainville und verbrachte den Rest seines Lebens, Pflanzen sammelnd, auf Madagaskar. An einen Freund in Paris schrieb er: „Wenn man die reichen Schätze sieht, die so großzügig über dieses fruchtbare

Land ausgestreut sind, kann man sich des Gefühls nicht enthalten, dass man die ernsten Theoretiker bemitleidet, die ihr Leben lang im Zimmer sitzen und eitle Systematik zurechtbasteln" (Whittle).

In seiner Heimat genoss Philibert Commerson als Botaniker großes Ansehen. Das beweist auch die Auszeichnung, dass er trotz Abwesenheit als Mitglied in die französische Akademie aufgenommen wurde. Für Commerson kam diese besondere Ehrung allerdings zu spät. Acht Tage zuvor war er vierundvierzigjährig auf Madagaskar verstorben.

Solitärgehölze
zum
Akzentesetzen

Der Pagodenhartriegel, *Cornus alternifolia* 'Argentea', mit weißen Doldenblüten und silbrigen Blättern wird von der Zwergfadenzypresse, den weißen Schaumblüten von *Tiarella wherryi* und Himalajamohn gerahmt. Den runden Blätterbusch (im Hintergrund rechts auf der Steinmauer) hat die Wachsglockenblume, *Kirengeshoma palmata*, gebildet, die sich im Herbst noch mit fahlgelben Glöckchen schmücken wird. Den Wegrand begrenzen Funkien und nieder wachsender Kirschlorbeer, *Prunus laurocerasus* 'Mount Vernon'. Im Vordergrund bereitet sich die Strauchkastanie, *Aesculus parviflora*, auf ihren Auftritt vor.

Etagenkünstler aus Asien und Amerika

In einem Garten, der noch keine festen Strukturen hat, kann sich schnell ein Durcheinander entwickeln. Auch wenn alle Lieblingspflanzen darin untergebracht sind, wird das Ergebnis oft enttäuschend sein. Alles ist da und nichts kommt wirklich zur Geltung. Einziger Fixpunkt ist anfangs meist das Wohnhaus. Das Anlegen von Wegen, Ruheplätzen, Terrassen, Steinmauern und Stiegen, Wasserbecken oder Teichen bedarf ebenso großer Überlegung wie die Wahl der markanten Pflanzen, die als Individuen das Gartenbild prägen. Solitärgehölze sind Blickfänger und bringen Ruhe und Ordnung oder auch Spannung in den

Garten. Das müssen und können nicht immer riesige Bäume sein. Ein Solitär kann aber im Laufe der Jahre zu einem „Halbsolitär" mutieren. Dazu kommt es, wenn ihm benachbarte Pflanzen zu Leibe rücken, die ursprünglich mit Respektabstand gepflanzt waren. Ein Garten wird interessanter, wenn man in ihm auf Entdeckungsreise gehen kann. Dazu sollte er geschickt in unterschiedlich große Räume gegliedert oder in verschiedenen Ebenen angelegt sein, sodass nicht alles auf einen Blick überschaubar ist. Ein gerade verlaufender Weg mit abrupter Biegung um ein Solitärgehölz, das umgangen werden muss, wird in seiner Wirkung span-

nender sein als eine lang gezogene Rundung. Tritt man nach der Wegbiegung in einen völlig anderen Gartenbereich, so wird man selbst immer wieder von dem neuen Anblick überrascht.

Ein gutes Beispiel für einen Solitärbaum bietet die weißbunte Form des ostasiatischen Pagodenhartriegels, *Cornus controversa* 'Variegata'. Sein unvergleichbarer Habitus und die weiß geranderten Blätter machen diesen Kleinen zu einer außergewöhnlichen Persönlichkeit im Garten. Die waagrecht abstehenden, weit schwingenden Äste wachsen in gleichmäßigen, übereinanderliegenden Etagen. An den Enden der ornamentalen Zweige sitzen

Die weißbunte Form des Pagodenhartriegels, *Cornus controversa* 'Variegata'. Weiße Schirmrispen prägen das Frühlingsbild im Mai. Im Hintergrund die geduckte Gestalt der gelben Hängebuche, *Fagus silvatica* 'Aurea Pendula', und Hemlockstannen.

Pagodenhartriegel in Herbstausstattung, nun mit rosa überhauchten Blattsäumen.

spitze Knospen, die sich im Mai zu weißen Blütendolden öffnen. Zum Blickfang wird er den Sommer über mit seinen weißgrünen Blättern, die im Herbst zarte Rosatöne annehmen. Im Winter heben sich die braunroten Zweige markant von der weißen Schneedecke ab. Der einzige Nachteil, wenn man überhaupt von einem solchen sprechen kann, ist der, dass er sich mit der Ausbildung der nächsten Etage so lange Zeit lässt.

Der Kleinbaum ist in den ersten Jahren etwas frostgefährdet. Seine Wurzeln breiten sich oberflächlich aus und können im Winter mit Laub und Reisig ausreichend geschützt werden. Der Boden soll frisch und leicht sauer bis neutral sein. Am besten pflanzt man den Etagenkünstler vor eine dunkle Koniferengruppe. In unserem Fall bilden Hemlockstannen den Hintergrund.

Cornus alternifolia 'Argentea', der wechselblättrige (= alternifolia), silbrige Pagodenhartriegel stammt aus Nordamerika und ist wüchsiger als *Cornus controversa* 'Variegata'. Obwohl sein Habitus filigraner wirkt, scheint er nicht sehr empfindlich zu sein. Seine Äste sind stark verzweigt und zart. Dadurch ist auch der etagenförmige Aufbau nicht so exakt ausgeprägt wie bei *Cornus controversa* 'Variegata', seinem japanischen Bruder. Der Baum wirkt aber mit den silbrigweißen Blättern lebendiger und malerischer.

Der halbschattige Standort in feuchter, leicht saurer Erde erlaubt auch eine

Von allen Seiten erscheint der Pagodenhartriegel, *Cornus alternifolia* 'Argentea', in einem anderen Bild. Feuerlilien und gelbe Rosen (Wildlinge, die aber gut duften) sind hier die Begleiter.

Kombination mit dem blauen Himalaja-mohn, was einen allerliebsten Anblick ergibt.

Auch die Vermehrung ist einfach: Ein Zweig aus der unteren Etage, mit Erde bedeckt, wurzelt rasch an und kann im darauf folgenden Jahr schon vom Mutter-baum getrennt werden. „Abmoosen" wird diese Form der Vermehrung genannt, die zum Beispiel auch bei Ahorn, Magnolie, Blumenhartriegel, Schneeball und Cle-matis angewandt werden kann – man sieht sie doch mit anderen Augen und mit viel mehr Freude, diese Selbstgezogenen.

Festliche Sommerstimmung: die Strauchkastanie
(Aesculus parviflora)

Auch eine Kastanie findet in kleinen Gärten ihren Platz, wenn man sich für die strauchartige Form entscheidet. Der Sommerblüher breitet sich durch unterirdische Ausläufer langsam, aber beständig aus und wird mit den Jahren eher breit als hoch. Diese Strauchform kam mir sehr gelegen, um ein abfallendes Gelände optisch aufzufangen.

Besonders reizvoll ist der Strauch im Juli und im August. Nun wird er zur Festtagstafel, an der man die weißen Kerzen entzündet hat. Die geladenen Gäste sind Nachtfalter, die, durch den süßen Duft angelockt, mit Nektar bewirtet werden. Arbeitsaufwand bereitet die Strauchkastanie dem Gärtner kaum. Hat sie genug Platz, um sich ausbreiten zu können, und

wird sie im lichten Schatten gepflanzt, bedarf es unsererseits nur etwas Geduld. Trotzdem bin ich andauernd auf der Hut, treiben doch seit einigen Jahren Miniermotten in unserer Stadt ihr Unwesen an Kastanienalleen. Zum Glück haben sie unsere Strauchkastanie noch nicht entdeckt.

Feierliche Stimmung mit den weißen Kerzen der Strauchkastanie vor dem silberblättrigen Pagodenhartriegel

41

Blüten und Früchte der Strauchkastanie, *Aesculus parviflora*. Wie Tentakel greifen die langen Staubfäden aus den Blütenkelchen. Makroaufnahmen motivieren zum genaueren Betrachten der Blütenwunderwerke.

Ein rosa Traum im Mai: Gemeiner Judasbaum

(Cercis siliquastrum)

Es ist kein Wunder, dass der Judasbaum in seinen ersten Jahren mit unserem Klima schwer zu Rande kam. Seine Heimat sind die Laubwälder der warmen Mittelmeerländer und Vorderasiens, wo er sich zu kleinen Bäumen entwickelt. In unserem Garten ist er mittlerweile zu einem Großstrauch herangewachsen und

hat sich offenbar mit dem kühlen Klima abgefunden. Im Mai öffnen sich die purpurrosa Blüten in dichten Büscheln. Sie blühen aber nicht nur an den Zweigen, sondern auch am Stamm. Diese seltene Erscheinung der Kauliflorie, der Stammblütigkeit, findet man sonst nur an tropischen Baumarten. Die Strauchform des

Judasbaums wirkt etwas sperrig und steif, was aber durch die kleinen, kreisrunden Blätter wieder wettgemacht wird. Als Nachbarn haben wir ihm den gleichzeitig blühenden Etagenschneeball und Zwergflieder zur Seite gestellt. Den Boden bedeckt der immergrüne Storchschnabel, *Geranium macrorrhizum* 'Freundorf'.

▷ Ein Frühlingsbild in Violett mit Zwergflieder, *Syringa microphylla*, der seinen Duft großzügig verbreitet, dem Gemeinen Judasbaum, Storchschnabelblüten und dem weißen Etagenschneeball.

Der Judasbaum, *Cercis siliquastrum*, zeigt die seltene Form der Stammblütigkeit, Kauliflorie.

Der Legende nach soll sich Judas, der Christusverräter, auf einem Judasbaum erhängt haben.

Schlichte Eleganz: Etagenschneeball

(*Viburnum plicatum* 'Mariesii')

Mit dem Gemeinen Schneeball, wie er mir aus dem elterlichen Garten in Erinnerung geblieben ist, hat dieser Strauch nichts gemeinsam. Der Etagenschneeball ist eine elegante Erscheinung, und vor allem ist er frei von Läusen. Seine Zweige breiten sich fächerförmig aus und wachsen in wenigen Etagen heran. Auf festen Stielen stehen im Mai die tellerförmigen, weißen Blütenstände dicht aneinandergereiht über den Blättern. Den Sommer über bleibt der Strauch unauffällig. Im Herbst macht er sich mit purpurroten Blättern und manchmal auch mit Beerenschmuck noch einmal bemerkbar.

Der in China und Japan Heimische stellt aber einige Ansprüche an Boden und Standort und reagiert beleidigt auf jegliche Bodenbearbeitung. Seine Wurzeln verlaufen eher oberflächlich und wollen keinesfalls gestört werden. Sie vertragen Trockenheit ebenso wenig wie Staunässe. Mit dem pflegeleichten Storchschnabel, *Geranium macrorrhizum* 'Freundorf', als Bodendecker scheint sich dieser prächtige Strauch nun doch sehr wohl zu fühlen.

▷ Der Storchschnabel, *Geranium macrorrhizum* 'Freundorf', ist eine dankbare, bodenbedeckende Pflanze. Zudem bietet sie dem Etagenschneeball, *Viburnum plicatum* 'Mariesii', ein ausgeglichenes Bodenklima. Am Fuße der Steinmauer öffnen die Schwertlilien, *Iris barbata* 'Cliffs of Dover', und *Iris barbata* 'Shipshape', ihre weißen und blauen Dome gerade noch rechtzeitig für das Gruppenfoto.

Ein Chamäleon: der Judasblattbaum

Katsurabaum *(Cercidiphyllum japonicum)*

Er ist mit seinem lockeren Aufbau und seinen bauschigen Zweigen in hohem Maße würdig, als Solitärbaum gepflanzt zu werden. Schon im jugendlichen Alter zeigt er all seine Vorteile, und man kann zusehen, wie er von Jahr zu Jahr noch prächtiger wird. Im Frühling erscheinen gleichzeitig mit dem weinroten Blattaustrieb die kleinen, „quastigen" Blüten. Die herzförmigen Blätter färben sich im Sommer dezent blaugrün und schließlich im Herbst goldgelb und lachsfarben. Der Judasblattbaum heißt auch Kuchenbaum, weil sein Herbstlaub Kuchenduft verbreitet. Unsere Bäume haben uns dieses Dufterlebnis bisher vorenthalten.

Der Judasblattbaum hat, wie die meisten ostasiatischen Gehölze, den Vorteil, so

Schneller als gedacht hat der Hängejudasblattbaum, *Cercidiphyllum japonicum* 'Pendulum', seinen Platz zur Gänze in Anspruch genommen. Auf dem Weg zur weißen Glyzine bedecken Goldblattspieren und die Zwergmispel, *Cotoneaster dammeri,* den Südhang. In Form geschnitten, beeindruckt diese Bienenweide besonders während der Blüte.

46

Hängejudasblattbaum, *Cercidiphyllum japonicum* 'Pendulum', während der Blüte im April. Die borstenartigen, kleinen Blüten sind blutrot und wirken durch die Masse.

Der Katsurabaum, *Cercidiphyllum japonicum*, ändert seine Herbstfarbe von Woche zu Woche, bis er schließlich in einheitlichem Aprikosengelb sein Laub abwirft.

gut wie keine Krankheiten zu kennen. Er braucht zum guten Gedeihen einen tiefgründigen, lockeren, leicht sauren bis neutralen Boden, den man durch eine Laubschicht feucht hält. Auf zu lange trockene Perioden im Sommer reagiert er mit Blattverbrennungen und in weiterer Folge mit vorzeitigem Blattverlust.

Vor Begeisterung pflanzten wir da, wo einst die alte Eberesche stand, noch einen zweiten Katsurabaum, *Cercidiphyllum japonicum*, den aufrecht wachsenden. Hokkaido und der Norden der Hauptinsel Honshu sind die Heimat des uralten, aus dem Tertiär stammenden Baumes. Hier ist er der mächtigste unter den Laubbäumen und erreicht Höhen von 30 Metern. Seine dicken Stämme wurden von den Ureinwohnern zum Kanubau und als Bauholz verwendet. Die Folgen sind nicht ausgeblieben. Alte Katsurabäume sind in der heutigen Zeit rar geworden.

Westlich der Olympiastadt Sapporo befindet sich noch ein Katsurawald mit 200- bis 250-jährigen Methusalemen. Wer es aber einfacher haben will, einen weit über 100 Jahre alten, mächtigen Baum zu sehen, findet ihn laut A. Bärtels (87) im Forstbotanischen Garten in Hann, in Niedersachsen.

Anmutige, kleine Kostbarkeit:
die Scheinkamelie
(Stewartia pseudocamellia)

Sie ist mit der echten Kamelie eng verwandt. Beide gehören zu der Familie der Teestrauchgewächse und beide sind in ihrer Haltung höchst anspruchsvoll. Die Scheinkamelie hat aber den großen Vorteil, frosthart zu sein. Aus ihrer bizarren Statur lässt sich erahnen, dass ihre Heimat Japan ist. Hier wächst sie in Laubwäldern zu 12–15 m hohen Bäumen heran. Affengleiter werden sie in ihrer Heimat genannt, weil sich ihre Borke in Platten schält wie bei Platanen und völlig glatt ist. Obwohl die Scheinkamelie bei uns nur sehr langsam wächst und man sich eine wirkliche Baumform schwer vorstel-

Die Scheinkamelie, *Stewartia pseudocamellia*, wächst zwar langsam, zeigt aber schon in jungen Jahren ihre Blüten.

Nach und nach öffnen sich die mit Perlmuttglanz überzogenen, schillernden Scheinkamelienknospen.

Mit ihrer intensiven Herbstfärbung macht die Scheinkamelie selbst dem Ahorn Konkurrenz.

len kann, lässt sie auf Blüten nicht lange warten. Im Juli beginnen sich die prallen Knospen, die in den Blattachseln schon früh gebildet werden, nach und nach zu öffnen. Die weißen, leicht gerüschten Blüten mit orangen Staubfäden erscheinen einige Wochen lang. Auch das bunte Rindenbild zeigt sich schon an jungen Bäumen. Der Herbst verleiht diesem Kleinbaum bzw. -strauch mit seinen feuerroten, fast ein wenig geziert stehenden, spitzen Blättern besonderen Liebreiz.

Die Scheinkamelie liebt es sonnig bis lichtschattig und bevorzugt frische, feuchte Standorte in saurer bis neutraler, humoser Erde. Allerdings zählt sie zu den Anspruchsvollen. Auch wenn man meint, alles zum guten Gedeihen der Scheinkamelie getan zu haben, heißt das noch lange nicht, dass sie sich mit den geschaffenen Verhältnissen zufrieden gibt und wächst.

Scheinkamelien sind nicht nur in Südostasien beheimatet, sondern auch im südlichen Nordamerika. Funde von in Bernstein eingeschlossenen Stewartienblüten beweisen, dass sie sich im Tertiär noch weiter herumgetrieben haben müssen, also auch in Nordeuropa.

Unsere Scheinkamelie stammt aus Japan und sie ist nach dem Engländer J. Stuart, Marquis von Babe, benannt. Ein anderer hat sich jedoch um die Scheinkamelie verdient gemacht. Es war der deutsche Arzt und Botaniker Philipp Franz von Siebold (1796–1866), der sie nach Europa brachte. Auch andere japanische Gehölze, wie Fächerahorne, die Schweifähre, den Japanischen Blumenhartriegel und die Japanische Hemlockstanne verdanken wir dem Japan-Forscher Siebold. Einfach war es zur damaligen Zeit nicht, zur Zeit der Tokugawa-Shogune, in Japan zu forschen, denn es bestand für Europäer ein Verbot, das Land zu betreten. Siebold durfte sich lediglich auf einer kleinen, künstlich aufgeschütteten Vorinsel, namens Deshima, nahe bei Nagasaki aufhalten.

Faszinierende Ganzjahresschönheit: Taubenbaum

Taschentuchbaum, Aufwiedersehenbaum, Geisterbaum

(Davidia involucrata)

Wer mit so vielen phantasievollen Namen bedacht wurde, muss schon etwas Besonderes sein in der Baumwelt. Der Gattungsname weist auf den Entdecker hin. Jean Pierre Armand David (1826–1900), ein botanisierender Missionar aus Frankreich, fand die blühenden Taubenbäume auf einer seiner abenteuerlichen Expeditionen 1869 in den Bergregionen Osttibets. Er beschrieb zwar die Schönheit dieser einzigartigen Bäume, brachte aber keine Samen mit in seine Heimat. Das besorgte 1897 der Pflanzensammler und ebenfalls Missionar Paul Farges. (Seinen Namen finden wir im Blauschotenstrauch, *Decaisnea fargesii,* verewigt, der in unserem Garten leider nur zwei Jahre durchhielt.) Ein einziger Taubenbaum konnte von den mitgebrachten Samen gezogen werden, der im Arboretum der Baumschule Les Barres in Frankreich zur Blüte kam. Natürlich konnten die Engländer

▷ Zwei ungleich lange, weiße Hochblätter umhüllen die kugelige Blüte und geben dem Taschentuchbaum, *Davidia involucrata,* erst sein auffallendes, exotisch wirkendes Aussehen. Unsere heimischen Vögel, die den Baum anfangs mieden, akzeptieren ihn mittlerweile. Eine mutige Amsel war die erste, die sich im Taubenbaum einnistete.

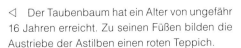

◁ Der Taubenbaum hat ein Alter von ungefähr 16 Jahren erreicht. Zu seinen Füßen bilden die Austriebe der Astilben einen roten Teppich.

Mit der reichlichen Blütenbildung lässt sich der Taubenbaum 15–18 Jahre Zeit. Als kleiner Vorgeschmack erscheinen vereinzelte Blüten aber schon am jugendlichen Baum.

nicht lange hintanstehen, und so wurde von der Baumschule Veitch & Sons der junge Pflanzenjäger Ernest Henry Wilson (1876–1930), ausgerüstet mit botanischem Wissen und einer Kamera, nach China entsandt, um Samen des Taubenbaumes zu besorgen. Unter welch gefährlichen Bedingungen die Pflanzensammler des 18. Jahrhunderts arbeiteten,

berichtet Wilson in seinem Tagebuch, als er in schwierigstem Gelände die endlich aufgefundenen Davidienbäume fotografieren wollte: „Das trägt nicht gerade zum Seelenfrieden bei, wenn man rittlings auf einem ungefähr zehn Zentimeter dicken Ast sitzt und unter sich einen siebzig Meter tiefen Abgrund hat" (Whittle).

Schade, dass der Taubenbaum in unseren

Gärten und Parks so selten kultiviert wird. Ich würde jedem raten, so schnell wie möglich einen zu pflanzen, vor allem wenn man weiß, dass dieser Baum 15 bis 18 Jahre auf seine Blüte warten lässt. Die kleine, kugelige, dunkle Blüte hängt an einem etwa fünf Zentimeter langen Stiel und besteht aus unzähligen männlichen Blüten und nur einer einzigen weiblichen

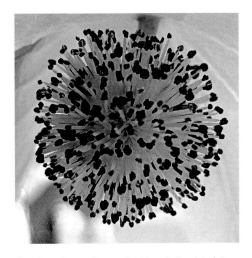

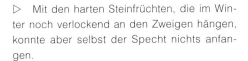

△ Aus den anfangs dunklen Blütenköpfchen mit zahlreichen Staubblättern entwickeln sich an langen Stielen die Früchte.

▷ Mit den harten Steinfrüchten, die im Winter noch verlockend an den Zweigen hängen, konnte aber selbst der Specht nichts anfangen.

Blüte, die in der Mitte sitzt. Das Erstaunliche aber sind zwei ungleich lange, strahlend weiße Schaublätter, so genannte Brakteen, die die Blüte einhüllen (involucratus = eingehüllt).

Obwohl sich die grünen Blätter schon ganz entfaltet haben, leuchten die weißen Schaublätter von weitem. Sie flattern wochenlang an den Zweigen und man meint, eine weiße Vogelschar hat sich hier niedergelassen (Taubenbaum). Für die Japaner winken die weißen Taschentüchlein zum Abschiedsgruß und daher nennen sie ihn Sayonara-Baum. Nach und nach fallen die Schaublätter zu Boden und bedecken ihn geisterhaft mit den weißen „Tüchern" (Geisterbaum).

Aus den unscheinbaren Blütenköpfen entwickeln sich bis zum Herbst Steinfrüchte mit ledernem Überzug, die Kürbissen in Miniaturausgabe gleichen. Sie bleiben zum Großteil noch im Winter auf den kahlen Zweigen hängen. Es ist mir bisher noch nicht gelungen, so eine Steinfrucht zum Keimen zu bringen. Der Same sollte zwei Jahre im Freien verbringen, bevor man ihn in Töpfen kultiviert. Ab August färben sich die herzförmigen Blätter in warme, samtige Altrosatöne und somit würde der Taubenbaum als Ganzjahresschönheit eine Auszeichnung verdienen. Der Taubenbaum blüht schon Mitte Mai. Um die Knospen vor Spätfrösten zu schützen, pflanzt man ihn am besten in geschützter, sonniger oder halbschattiger Lage.

Der Baum an sich ist aber vollkommen winterhart und gedeiht in nährstoffreichem, nicht zu trockenem Boden. *Davidia involucrata* wächst in pyramidaler Form, wenn er genügend Platz hat. Er wird bei uns ungefähr 15 Meter hoch, wie man sich im Botanischen Garten in Graz überzeugen kann, wo sich seit angeblich nahezu hundert Jahren zwei Taschentuchbäume befinden.

Eine winterfeste Liane: der Blauregen

Glyzine *(Wisteria sinensis)*

Von einer Laotse-Pflanze, „Alter Weiser", wie sie in China genannt wird, wo sie mehrere hundert Jahre alt wird, kann man von unserem sechzehnjährigen Teenager noch lange nicht sprechen. Aber Durchhaltevermögen hat der Blauregen bewiesen. Das Pflanzloch entlang eines Zaunes ist nämlich spartanisch schmal, und viele Pflanzen, die ich zuvor an diese engen Verhältnisse gewöhnen wollte, weigerten sich zu gedeihen.

Auf einer Südtirolreise sah ich so eine „Laotse-Pflanze" dicht an der Hauswand eines alten Bürgerhauses wachsen. Die dicken, gedrehten Stämme füllten die kleine Pflanzöffnung beinahe ganz aus, aber die Glyzine schien das nicht zu stören.

Unsere chinesische *Wisteria sinensis* hat linkswindende Äste im Unterschied zur japanischen Art, *Wisteria floribunda,* die sich nach rechts windet. Sie wächst seither an dem sonnigen Platz entlang eines Zaunes. Um die engen Bedingungen auszugleichen, haben wir die schmale Pflanz-stelle sehr tief ausgehoben und mit einem Gemisch aus guter Gartenerde und viel Kompost gefüllt. Dass die Glyzine eine Liane ist, merkt man schon im ersten Jahr. Meterlange Triebe umklammern alles, was ihnen in den Weg kommt, und machen auch vor den Holzdachrinnen nicht halt. Um sie im Zaum zu halten, schneide ich den Blauregen einige Male im Jahr. Mittlerweile hat er die Form eines „Engels" angenommen, der seine Flügel nach beiden Seiten ausbreitet.

Der Blauregen als Friedensengel am Eingangszaun. Die Glyzine gibt sich aber nur friedlich, wenn sie durch regelmäßiges Beschneiden im Zaum gehalten wird.

Schirmmagnolie und Persisches Eisenholz

(Magnolia tripetala, Parrotia persica)

Mit bordeauxroten Blütenbüscheln macht das Persische Eisenholz im April auf sich aufmerksam, allerdings nur, wenn man es aus der Nähe betrachtet.

Über den ausladenden Blättern der Schirmmagnolie stehen die vornehmen Blüten.

Im Spätherbst leuchten die roten Blätter des Persischen Eisenholzes wie Feuerflammen, vor allem wenn die Sonnenstrahlen sie durchleuchten.

Auf einer kleinen Anhöhe haben wir die Schirmmagnolie, *Magnolia tripetala,* untergebracht. Hier sollte die „Amerikanerin" ihr Blätterdach palmenartig ausbreiten. Was wir aber bei diesem Standort nicht bedacht haben, ist, dass die Magnolie selbst sehr schirm- und schutzbedürftig ist. Bei starkem Wind werden die 30 bis 40 cm großen Blätter leicht verletzt.

Die rahmweißen, wächsernen Blüten der Magnolie sind edle Erscheinungen, die sich von Mai bis Juni öffnen. Jede Blüte präsentiert sich einzeln am Ende eines Triebes. Zu leuchten beginnen erst die großen, roten Fruchtzapfen mit ihren orangefarbenen Samenperlen.

Das benachbarte Persische Eisenholz, *Parrotia persica,* dieser herbstschöne Strauch, hat mittlerweile einen kräftigen Wachstumsschub durchgemacht und wird hoffentlich künftig die Magnolie vor Wind- und Sturmschäden bewahren.

Ein Blütenmeer als Hausbaum: Storaxbaum

(Styrax japonica)

Unser Hausbaum, eine Linde, war achtzehn Jahre alt, als sie plötzlich einging. Es war schlimm mit anzusehen, wie ein Ast nach dem anderen verdorrte und alle Rettungsversuche fehlschlugen. Mit der Linde ist auch ein Heer von roten Feuerwanzen verschwunden, die auf dem umliegenden grauen Asphalt des Vorplatzes wie bewegliche Blumen aussahen. Allein ihrer Schönheit wegen hätte ich ihnen so eine Gräueltat nicht zugetraut. Doch sie

waren die Täter und haben aus der Linde den Lebenssaft gesaugt.

Styrax japonica, den Storaxbaum, pflanzten wir als Nachfolger, nachdem wir ihn im Botanischen Garten „Kew Garden" in London gesehen hatten. Wie so viele prächtige Laubgehölze stammt auch dieser Baum aus den Laubwäldern Japans und Chinas.

Bei uns hat er sich in wenigen Jahren zu einem wunderschönen Solitärbaum mit

weit ausladenden, fein verzweigten Ästen entwickelt. Der Storaxbaum ist ein Juniblüher. Dicht aneinandergereiht hängen die weißen, duftenden Glöckchen an langen Stielen. Wegen ihrer Ähnlichkeit mit den Schneeglöckchenblüten wird der Storaxbaum auch „Japanischer Schneeglockenbaum" genannt. Nach der Blüte bilden sich grüne, kirschkernartige Samenkapseln, die in Reih und Glied an den Zweigen hängen. Gemeinsam mit

Unser neuer Hausbaum, der Storaxbaum, *Styrax japonica*, fühlt sich an diesem Platz offensichtlich wohl und bedeckt sich im Juni mit unzähligen weißen Blütenglöckchen.

den glänzenden Blättern verleihen sie dem Baum auch außerhalb der Blütezeit ein interessantes Aussehen.

Die artenreiche Familie der Storaxbäume ist weit verbreitet. In Südeuropa und Kleinasien wurde aus *Styrax officinalis* duftendes Harz gewonnen, das schon Moses als Räuchermittel verwendet haben soll. Das bekannte Benzoeharz wird aus *Styrax benzoin* gewonnen und wurde im Mittelalter „asa dulcis", süßer Teufelsdreck, genannt. Das Harz ist heute noch Bestandteil des Balsams, der für das Sakrament der Krankensalbung verwendet wird.

Duftendes Harz liefert unser *Styrax japonica* nicht, dafür ist er weitgehend winterhart, wenn er die ersten Jahre überstanden hat. Wir haben ihn an geschützter Stelle an der Ostseite des Hauses gepflanzt. Als bodendeckende Unterpflanzung wählten wir den Knöterich, *Persicaria bistorta*

Storax vor der Blüte, dicht behängt mit langgestielten Knospenklöppeln.

Sind die Glöckchen geöffnet, wird der Baum zu einem duftenden Blütenmeer.

Mit reichlichem Samenschmuck im Herbst wird *Styrax japonica* zum „Kirschkernbaum".

'Superba', und den Zierlauch, *Allium giganteum*. Diese Kombination sieht nicht nur sehr erfreulich aus, sondern sie gab dem damals noch jungen Baum Schutz vor Austrocknung des Bodens. Storaxbäume stellen keine großen Ansprüche: Sie wachsen in jeder humosen, leicht sauren und eher feuchten Erde, wollen aber keine Staunässe.

Heute besorgen wir uns den schönen Baum ganz selbstverständlich in jeder größeren Gärtnerei. Doch sollte man nicht vergessen, dass dies erst durch den abenteuerlichen und oft gefährlichen Einsatz der Pflanzenjäger der vergangnen Jahrhunderte ermöglicht wurde. *Styrax japonica* verdanken wir dem jungen Engländer Richard Oldham (1838–1864). Er muss ein besonders engagierter und sehr fleißiger Pflanzenjäger gewesen sein. 13 700 Präparate, darunter 90 neue Arten, schickte er in nur drei Jahren an den bedeutendsten botanischen Garten in London, nämlich Kew Garden. Es war nicht nur der letzte Auftrag, den Kew Garden an einen Pflanzenjäger vergeben hatte, es war auch der letzte für Richard Oldham. Mit bescheidenen Mitteln, die nicht einmal für Unterkunft, Kleidung und Nahrung reichten, war er auf den strapaziösen Reisen durch China, Formosa und Japan unterwegs und für solche Unternehmungen viel zu schlecht ausgestattet. Er starb sechsundzwanzigjährig fern seiner Heimat.

Mehr als hundert Jahre zuvor schreibt Carl von Linné in seinem Aufsatz „Ruhm des Naturforschers": „Lieber Gott! Wenn ich das traurige Schicksal so vieler Jünger [der Botanik] bedenke, fühle ich mich versucht, die Frage zu stellen, ob die Männer noch bei Verstand sind, die wegen ihrer Liebe zum Pflanzensammeln ihr Leben und alles andere aufs Spiel setzen" (Whittle).

Duftwolken und Klangwolken umgeben den Storaxbaum während der Blütezeit im Juni. Die Blütenglöckchen hängen trotz großer Besucheranstürme von Hummeln und Bienen noch immer in Reih und Glied.

Malerisches Schirmdach in rosa Watte gepackt: die Seidenakazie

(Albizia julibrissin 'Rosea')

Wie einen Schirm breitet die Albizie ihre wogenden Äste über den Südhang. Die Gefahr, dass der blaue Säulenwacholder, *Juniperus scopulorum* 'Blue Arrow', zu hoch wird, besteht kaum, da er fast nach jedem Winter Schneeschäden davonträgt und gestutzt werden muss.

Die roten Blütenquasten der Seidenakazie liegen wie eine weiche Daunendecke auf dem gefiederten Blätterdach. Die Blätter schließen sich in der Nacht oder bei starkem Wind. Sie sind aber bei Berührung nicht so empfindlich wie Mimosen.

Ein gewisses Quäntchen an „Botanomanie", wie sich der Pflanzenjäger Philibert Commerson auszudrücken pflegte, verspürt man als Gartenliebhaber des Öfteren selbst. Das heißt aber nicht, dass man so weit ginge, begehrenswerte Pflanzen gleich auszugraben. Es wäre in unserem Fall auch gar nicht möglich gewesen, denn die begehrten Pflanzen waren fünf Meter hohe Bäume, die an der Ortseinfahrt in Gols (Burgenland) an der Straße standen. Es waren Seidenakazien.

Der Besitzer hatte den Samen von Verwandten aus Kanada erhalten und seine Bäume selbst gezüchtet. Von hier also brachte ich meinen ersten zweijährigen Seidenbaum ins Steirerland.

Ein tiefes Pflanzloch, gefüllt mit Gartenerde und Kompost, an einem sonnenwarmen, geschützten Platz sollte einen guten Start garantieren. Als ich das winzige Pflänzchen aus dem Topf klopfte, staunte ich über die lange, kräftige Pfahlwurzel, die zum Vorschein kam und gar nicht

mit dem zarten oberen Teil der Pflanze in Einklang stand. Eingebettet in eine dicke Mulchschicht und mit einem Baumverband umwickelt, stand mein erster Seidenbaum wie ein kleiner Patient im Anzuchtbeet und überlebte den ersten Winter ohne Schaden. In der Zwischenzeit verzichte ich aber auf jeglichen Aufwand und meine Seidenbaumanzucht funktioniert von selbst. Im Winter und im darauffolgenden Frühjahr fallen die Schoten, gefüllt mit ihren schwarzbraunen Samen zur Erde. Sie keimen überall, wo es ihnen behagt, und sorgen somit selbst für sehr reichlichen Nachwuchs. Seidenbäume wachsen schnell und blühen meist schon ab dem fünften Jahr.

Wenn fast alle anderen Sträucher und Bäume verblüht sind und sich auf den Übergang zum Herbst vorbereiten, haben die Seidenakazien ihre hohe Zeit. Ab August erfüllen sie den Garten mit Hochsommer. Über den gefiederten Blättern, die sich nachts wie bei Mimosen schließen, stehen auf kurzen Stielen unzählige Dolden mit hellrosa Blütenköpfchen. Aus ihnen quellen die rosa-weißen Staubfäden hervor und bedecken wie Puderquasten die schirmartig angeordneten Zweige.

Erstaunlicherweise überlebten unsere Albizien bisher alle steirischen Winter. Meist entwickeln sie sich strauchförmig. Um aber eine anmutige Baumform zu erreichen, ziehen wir den Hauptstamm an einem Bambusstab in die gewünschte Höhe und knipsen Seitentriebe rechtzeitig ab.

Die ursprüngliche Heimat des Seidenbaumes ist Japan. Nemu-no-ki, Schlafbaum, nennen ihn die Japaner, vermutlich weil sich seine Blätter nachts schließen. Den Namen Schlafbaum verdient er meines Erachtens auch aus einem anderen Grund. Mit seinem sehr späten Austrieb spannt er mich gehörig auf die Folter. Jedes Jahr befürchte ich beim Anblick des

dürren Gerippes das nahende Ende, bis sich Ende Mai doch wieder die ersten Blattknospen zeigen.

Albizien wurden schon um die Mitte des 18. Jahrhunderts vom Jesuitenpater Pierre Nicholas le Chiron d'Incarville aus China eingeführt und sind heute in mediterranen Ländern weit verbreitet. Der botanisierende Pater, dessen Name uns von der Freilandgloxinie, Incarvillea, her bekannt ist, schickte neben Saatgut auch zahlreiche Gehölze nach Europa, wie Ailanthus, den Götterbaum, Thuja orientalis und Koelreuteria, den Blasenbaum, der mittlerweile auch in unserem Garten blüht.

An jeder Dolde erscheinen 20 bis 30 Blütenköpfchen, die sich von Juli bis August nach und nach öffnen. Die winzigen, kirschroten Blüten sind unauffällig. Das Spektakel liefern die rosa-weißen Staubfäden mit ihren goldenen Staubbeuteln.

61

Ein Sommerblüher in Gelb mit herbstlicher Überraschung: der Blasenbaum

(Koelreuteria paniculata)

Wenn man nicht wie in China und Japan, der Heimat des Blasenbaumes, aus den schwarzen, erbsengroßen Samenkörnern Rosenkränze erzeugen will, sät man sie in gute Gartenerde aus und sie keimen bestimmt. Nach drei Jahren Aufenthalt im Anzuchtbeet war mein Blasenbaum groß genug, um einen Gartenplatz einzunehmen, aber für mich doch zu klein, um mir seine Ausmaße als Baum vorstellen zu können. Leider habe ich seine Wuchskraft unterschätzt und daher einen zu kleinen Platz gewählt. Der Blasenbaum entwickelt sich nämlich in wenigen Jahren zu einem sechs bis acht Meter hohen Baum mit einer ausladenden, runden Krone. Über den gefiederten Blättern erscheinen im Juli und August leuchtend gelbe Sternblüten an gerade aufstrebenden Rispen (panicula = Blütenrispe). Während einige Rispen noch

blühen, entwickeln sich an anderen schon die hauchdünnen, rosa bis korallenroten Lampions, die in dichten Quasten über den farnartigen Wedeln der Blätter stehen. Das rotgoldene Laub und die braunschwarzen Fruchtkapseln machen den Blasenbaum auch im Herbst interessant. Besonders dekorativ wirken seine Zweige als Winterschmuck in der Vase. Man sollte damit besser nicht übertreiben, da der Blasenbaum eigentlich nicht geschnitten werden will. Wie bei Ahorn und Albizie wird der Baum nur im Frühling mit Kompost gedüngt, damit sein Holz den Sommer über genügend ausreifen kann. Neuerdings scheint *Koelreuteria paniculata* auch bei uns wieder als Stadtbaum in Mode zu kommen.

◁ Der Blasenbaum, *Koelreuteria paniculata*, mit gelben Blütenrispen vor der blauen Stechfichte, *Picea pungens,* und dem Mammutbaum

△ Hunderte von Samenkapseln stehen über den farnartigen Blättern. Bis zum Herbst haben sich beide gefärbt.

◁
Wie kleine Pergamentschirmchen schmücken die Samenkapseln den Baum bis zum nächsten Frühling. Die Verführung, ihm einige Zweige für die Vase zu schneiden, ist daher groß, obwohl er Schnippeleien an seinen Zweigen nur ungern über sich ergehen lässt.

Solitäransprüche
einer
Wasserpflanze

Lotos im steirischen Teich: nicht alles ist möglich, aber
doch vieles.

Lotos, Indische Lotusblume

(Nelumbo nucifera)

Der meist begangene Weg im Garten führt zu einem kleinen, runden Wasserbecken. Es ist 60 cm tief, hat einen Durchmesser von drei Metern und war für eine Seerose bestimmt. Zum Einweihen des noch jungfräulichen Beckens entschieden wir uns für ein Experiment. Wir pflanzten eine Indische Lotusblume, die auch den Winter im Freien zubringen sollte.

Wenn ich von Lotosteich spreche, dann ist das sehr wörtlich zu nehmen, denn begleitende Pflanzen lässt Lotos nicht zu. Der Wunsch, auch nur einen kleinen Teil der Wasseroberfläche sichtbar zu erhalten, war vergeblich. Schon im ersten Jahr bedeckte der Lotos das gesamte Becken:

über dem Wasser mit einem dichten Blätterdach, unter dem Wasser mit einem dichten Wurzelgeflecht und den bananenförmigen, 20 bis 30 cm langen, weißen Rhizomen, die für die Blütenbildung zuständig sind. Die dekorativen kreisrunden, 30 bis 40 cm großen Blätter stehen auf langen Stielen über der Wasserfläche. Träufelt man Wassertropfen auf sie, so perlen sie wie glitzernde Diamantkügelchen ab.

In der profanen Welt von heute haben die Techniker diesen selbstreinigenden Effekt, der das Blatt durch einen Wachsüberzug unbenetzbar macht, genützt und einen Staub und Schmutz abweisenden

Lack entwickelt. „Bionik" nennt sich dieser neue Forschungszweig, der Naturerscheinungen wie diese in Hightech verwandelt. Mitte Juli öffnen sich die prallen Knospen bei Sonnenschein und entfalten ihre rosaroten Blütenblätter zu großen Schalen. Sie schließen sich in der Dämmerung und wiederholen dieses Öffnen und Schließen drei bis vier Tage lang. Die Blütenblätter verblassen und fallen ab. Zurück bleiben märchenhaft anmutende laubfroschgrüne Samenbehälter.

Der Name Nelumbo ist ein volkstümlicher Name aus Ceylon, nucifera bezieht sich auf die „Nüsschen tragenden" Samenkapseln.

In der japanischen Naturlyrik lautet ein Kurzgedicht des Abtes Henjo:

„Wenn das Lotosblatt
auch im Schlamme stets sein Herz
stark und rein bewahrt,
warum wandelt es den Tau
täuschend in ein Kronjuwel?"
(Zit. bei A. Bärtels 87)

Die zweite Blattgeneration erhebt sich mit großen Tellern hoch über das Wasser, während die ersten kleineren Blätter auf der Wasseroberfläche schwimmen.

Das Auffinden der Knospen zwischen den Blättern und ihre langsame Entwicklung zu beobachten ist Freude genug.

Lotos zählt neben Rose und Lilie zu den auserwählten Blüten, die durch ihre Schönheit alles Irdische übersteigen sollen.

Lotos, eine nützliche Pflanze

Von der Blüte bis zur Wurzel, alles findet an dieser Pflanze eine Verwertung: Die stärkehältigen Rhizome werden in China zu Mehl verarbeitet oder als Gemüse gegessen, aus den Blättern wird Tee bereitet, die Samennüsschen werden kandiert als Süßspeise genossen und ihr zarter Duft wird schließlich in Ölfläschchen verpackt. Die getrockneten Samenstände finden heutzutage auch bei uns in der Blumenbinderei Verwendung.

Ich habe es bis jetzt nicht übers Herz gebracht, unseren Lotos zu verspeisen. Bei der nächsten Rodung, die ja alle paar Jah-re sein muss, könnte ich ihn verkosten, um mich auch vom Geschmack dieser göttlichen Pflanze zu überzeugen.

Der göttliche Lotos

Als Blume der Götter galt Lotos schon vor Jahrtausenden. Im Alten Ägypten war Lotos Isis und Osiris geweiht. Lotoskapitelle schmückten ihre Säulen an Tempelanlagen. Lotos ist der Legende nach die Blume, aus der Buddha geboren wurde. Sie steigt aus dem Sumpf auf, ohne ihre Reinheit zu verlieren. Daher wurde Buddha in der Kunst oft auf einer Lotosblu-me thronend dargestellt. „Du Juwel in der Lotosblüte", „Om mani padme hum", lautet die Gebetsformel, die von Millionen Buddhisten mit ihren Gebetsmühlen gesprochen wird, als unaufhörliches Gebet.

Lotos ist Symbol der Weltschöpfung, der Reinheit und der Vollkommenheit. Da sich beim Lotos Samenstand, Blüte und Knospe gleichzeitig zeigen, ist er in China Symbol für Vergangenheit, Gegenwart und Zukunft und steht daher für die Ewigkeit. In einem Essay des konfuzianischen Gelehrten und Dichters Zhou Dunyi (11. Jh.) wird die Einzigartigkeit des Lotos folgend zitiert: „Viele verschiedene Blumen wachsen auf der Erde und im Wasser. Tao Yuanming (365–427) liebte Chrysanthemen. Seit den Tagen der Tang-Dynastie gilt es als vornehm, Päonien zu bewundern. Aber meine Favoritin ist allein die Lotosblüte. Sie taucht empor aus dem dunklen, schmutzigen Grund, aber sie ist nicht befleckt. Sie entfaltet sich nobel über dem klaren Wasser. Heilig in sich (die leeren Stiele), aber glatt und ehrlich nach außen, weichen die Stiele nicht von ihrem Weg ab oder verzweigen sich. Der zarte Duft durchzieht die Luft nah und fern. Es ruht in der Pflanze eine absolute Klarheit, die man aus einer gewissen Entfernung genießen und nicht durch starke Annäherung entweihen sollte. Nach meiner Meinung sind die Chrysanthemen die Blumen der Zuflucht zur Abgeschiedenheit und Muße, Päonien die des Reichtums und ein Standessymbol. Aber der Lotos ist die Blume von Reinheit und Unbestechlichkeit. Ach, seit Tao Yuangming haben einige die Chrysanthemen geliebt, aber niemand liebt den Lotos wie ich. Ich kann gut verstehen, warum so viele Päonien bevorzugen!" (M. Beuchert, 83)

Die Kultur des Lotos in steirischem Klima

Für die Pflanzung der Lotosblume bereitete ich im Becken einen 1 m² großen Platz (damals wusste ich noch nichts vom Expansionsstreben der Pflanze), umringt von großen Steinen, und füllte ihn etwa 40 cm hoch mit einem Gemisch aus Lehmerde, Kompost und verrottetem Mist. Nachdem sich der Lotos so gut etabliert hat, entferne ich jedes zweite Jahr einen großen Teil des dichten Wurzelgeflechts.

Die Heimat des Lotos reicht vom Kaspischen Meer bis China, Japan und in den Nordosten Australiens, wo er in flachen, stillen und vor allem in warmen Gewässern wächst. Natürlich kennt der Lotos auch keine strengen Winter, womit auch schon das Hauptproblem angesprochen ist: Wie bringe ich diese „Exotin" über die kalte Jahreszeit?

Die Blütensterne des Lotos auf ihren hohen Stielen, die in der altindischen Kosmologie die aufsteigende Weltachse aus den Urwassern symbolisieren (Bärtels, 87).

Die Rhizome in Kübel zu verstauen und in einem hellen, kühlen Kellerraum zu überwintern ist in unserem Klima der übliche Weg. Ich habe mich aber von fast allen arbeitsaufwändigen Kübelpflanzen wie Cassia, Abutilon, Datura und Sophora getrennt, bzw. ihnen eine Chance gegeben, sich an geschützten Plätzen im Garten selbst durch den Winter zu schlagen. Die Versuche, sie an das raue Klima in 530 m Seehöhe (Winterhärtezone 5–6) zu gewöhnen, schlugen meist fehl. Bessere Erfahrung mit dem Überwintern im Freien habe ich mit der Lotusblume gemacht. Sie hat nun schon zwölf, zum Teil sehr kalte Winter im Freien überstanden.

Im Spätherbst schöpfe ich den Großteil des Wassers aus dem Lotosteich. Eine dicke Laubschicht wird aufgebracht und zuletzt mit Brettern abgedeckt. Ende April, wenn der halbverrottete Laubschlamm wieder zum Vorschein kommt und aus dem Teich geputzt werden muss, tröstet mich der Gedanke an Cixi. Die chinesische Kaiserinwitwe Cixi (1835–1908), eine große Liebhaberin von Lotos und Päonien, soll mit geschürzten Röcken und in Stiefeln den abgelassenen Kunmingsee eigenhändig von Lotoswurzeln befreit und neu bepflanzt haben. Zur Vergrößerung der Teiche und Gärten verwendete sie allerdings den Etat der Flotte, was ihrem Ansehen wohl nicht gut getan hat.

Meine Leidenschaft bei der jährlichen Entfernung von Laubschlamm hielt sich in Grenzen und daher ersetze ich seit zwei Jahren das Laub durch Styroporplatten, die unter der Bretterabdeckung versteckt liegen.

Lotos benötigt Wassertemperaturen von 24–25 °C. Solche Wassertemperaturen sind in unserer Lage nur an sehr heißen Tagen erreichbar. Die geschützte Teichlage und der von der Sonne aufgeheizte Steinboden rund um das Becken reichen der Pflanze zum Gedeihen aus. Jedes Jahr erscheinen Mitte Juli vier bis fünf Blüten und ein üppiges Blätterdach.

△ Die großen Sternblüten des Lotos verblassen und kündigen damit ihr baldiges Ende an.

◁ Samenstand von *Nelumbo nucifera* Im Inneren der grünen Samenbehälter reifen die essbaren Nüsschen heran, für Kinder aber sind die langstieligen fünfzehnäugigen Samenkapseln begehrte Rasseln.

Gartenplätze im Wandel der Jahreszeiten

Im Vordergrund zeigen vier kleine Pflänzchen des einjährigen Fuchsschwanzes, *Amaranthus caudatus*, wozu sie in Komposterde fähig sind – zumindest einen Sommer lang. Hinter dem Gemüsegarten thront der Buschklee, *Lespedeza thunbergii*, und wirft seine roten Blütenrispen wallend über die Steinmauer.

Heiße Böschung am Südhang

Ein Steinmäuerchen mit Lavendel, Salbei und anderen Kräutern lenkt den direkten Blick vom Gemüsegarten ab. Nicht immer zeigt sich der Nutzgarten von seiner schönen Seite, vor allem im Frühjahr, wenn Plastikfolien die Paradeis- und Gurkenpflänzchen vor Pankratius, Servatius, Bonifazius und zuletzt vor der kalten Sophie schützen sollen. Im Bestreben, möglichst rasch eigenes Gemüse ernten zu können, stülpe ich die unansehnlichen Folien auch über Salat-, Spinat- und Kohlrübenbeete.

So wird auch dem Ungeziefer der Zutritt verwehrt und die zarten Pflänzchen überstehen das Anwachsen ohne große Ausfälle.

Hinter dem Gemüsegarten erstreckt sich über einer höheren Steinmauer ein etwa 25 Meter breiter, steiler Südhang. Zum Bedecken des Bodens fiel mir als unkrautsicheres und pflegeleichtes Gewächs das Geißblatt ein, *Lonicera nitida* (A. Lonitzer, deutscher Arzt und Botaniker, 16. Jh.). An anderer Stelle im Garten ha-

ben sich diese Kleinsträucher als Bodendecker schon einmal bewährt, obwohl sie von den Engländern herablassend „Buchs der armen Leute" genannt werden. Die Pflanzen bilden mit ihren hellgrünen, glänzenden, buchsähnlichen Blättern einen dichten, ruhigen Teppich und lassen sich sehr gut in Form schneiden, ohne braune Schnittstellen zu zeigen. Nur selten gelingt es der einen oder anderen Ackerwinde, oder anderem Unkraut, den Weg ans Licht zu finden.

Die weißen, duftenden Blüten der Mandschurischen Heckenkirsche, *Lonicera maackii*, legen sich wie eine Lichterkette über das Laub der horizontalen, ausschwingenden Zweige.

Weißblühende, duftende Blütenketten über den dunkelgrünen Blättern der Mandschurischen Heckenkirsche.

Leuchtfarbe der Wolfsmilch, *Euphorbia polychroma*, im April. Im Vordergrund blaue Flockenblumen, *Centaurea montana* 'Grandiflora'.

Unser Haus stammt aus einer Zeit, in der Architekten die Küchen mitsamt ihren Köchinnen noch auf schattige, dunkle Nordseiten verbannten. Dieser Umstand, der auch mich betrifft, hielt mich letztendlich doch von der Bepflanzung mit Geißblatt ab. Hell und duftig sollte wenigstens mein Ausblick werden, und das zu jeder Jahreszeit.

Blüten und Duft im Mai

Während der zarte Maiblumenstrauch, *Deutzia x kalmiiflora,* seine Form kaum verändert, ist die Mandschurische Heckenkirsche, *Lonicera maackii,* mittlerweile zu einem Großstrauch von 4–5 Metern Höhe und Breite herangewachsen. Gemeinsam mit der Pimpernuss, dem Gelbhornstrauch (Abb. S. 82) und dem Wolfsmilchgewächs, *Euphorbia polychroma,* eröffnen sie den Frühling. Die Heckenkirsche mit ihren mattgrünen

Blättern wird von unzähligen weißen bis gelblichen, wohlriechenden Lippenblüten eingehüllt. Zur Blütezeit im April ist der

Strauch eine duftende Silberwolke, danach ist er in seiner Erscheinung unauffällig.

Deutzia x kalmiiflora zieht im Mai gemeinsam mit dem bodendeckenden Storchschnabel, *Geranium macrorrhizum* 'Freundorf' die Blicke auf sich. Die Deutzie überbrückt mit ihren zartrosa Blüten die Wartezeit auf die noch immer kahle Albizie.

73

Die Blüten der Wolfsmilch, *Euphorbia polychroma,* bilden bodendeckende Kissen im April. Das „euphorische" Gelb der sternförmigen Becherblüten ist von gelbgrünen Hüllblättern umgeben. Euphorbien sind aber nicht nach dem Knaben Euphorion, der in der griechischen Mythologie auf der Insel der Seligen geboren wurde, benannt, sondern angeblich nach dem Leibarzt eines mauretanischen Königs.

Die krautigen Triebe der Wolfsmilch werden bis zu 40 cm lang und neigen leider zu Mehltaubefall. Das ist der späteste Zeitpunkt, sie etwas zu formieren. Mit der kleinen Heckenschere schneide ich sie vorsichtig zurück, um sie gesund und buschig zu halten. Vorsicht ist beim Schneiden der Wolfsmilchgewächse auch deshalb geboten, weil der austretende weiße Milchsaft Hautreizungen und Augenentzündungen hervorrufen kann. Im Sommer sind die runden Büsche mit ihren kleinen, dicht wachsenden Blättern Ruhepole zwischen den farbenprächtigen Stauden.

Anfang Juni wirft der Kaskadensommerflieder, *Buddleja alternifolia,* seine buschigen Zweige wie ein violetter Wasserfall über die weißen Blüten des Pfeifenstrauchs, *Philadelphus* 'Belle Etoile', und über die blauen Polster des Storchschnabels, *Geranium x magnificum.*

Blaue Periode im Juni

Ende Mai, Anfang Juni wandelt sich das Farbbild des Südhanges und geht „picassoresk" in die „blaue Periode" über. Es ist der Schmetterlingsstrauch, *Buddleja alternifolia*, der seine kleinen, geballten Blüten als Erster zu öffnen beginnt. Benannt ist der Strauch nach dem im 17. Jahrhundert tätigen englischen Botaniker Ad. Buddle. Sein deutscher Name, nämlich Kaska-densommerflieder, ist aber doch zutreffender, denn seine anmutig herabhängenden, langen Zweige werden zur Blütezeit Anfang Juni zu einem hellvioletten Wasserfall. Zu einer kleinen Trauerweide mit silbriggrauen, kleinen Blättern wird er nach der Blüte, und so beschreibt ihn auch der Pflanzenjäger Paul Farges, der die Sträucher, von Lössfelsen hängend, in China vorfand und sie auch nach Europa brachte.

Der Kaskadensommerflieder ist ein Mittelstrauch von ungefähr zwei Metern Höhe. Wir haben einen kräftigen Zweig an einem Pflock als Hauptstamm hochgezogen und die seitlichen Zweige im ersten und zweiten Jahr entfernt. Die Krone kann sich nun nach allen Seiten frei ent-

Pfeifenstrauch, *Philadelphus* 'Belle Etoile', in geschwisterlicher Umarmung mit *Clematis* 'Prince Charles'. Die beiden Marienfarben Weiß und Blau erwecken unwillkürlich himmlische Gefühle.

75

△ Auch eine Wegwarte, *Cichorium intybus,* hat sich zu den Blauen gesellt.

falten und die locker fallenden Äste legen sich wie ein aufgebauschter Rock um den Stamm.

Der Kaskadensommerflieder bildet oft seitliche Schösslinge, die vorsichtig ausgegraben schon bald zu blühenden Jungsträuchern heranwachsen. Er blüht am alten Holz und soll daher möglichst nicht beschnitten werden. Im Gegensatz dazu erfordern die häufiger gepflanzten Buddleja Davidii-Hybriden einen jährlichen Rückschnitt im Frühling.

Als bodendeckenden Begleiter wählten wir den Storchschnabel, *Geranium x magnificum,* mit seinem kräftigen Blau. In unmittelbarer Nachbarschaft zu *Buddleja alternifolia* bringen zwei weitere Pflanzen den Südhang zum Überschäumen. Der knapp zwei Meter hohe Pfeifenstrauch, *Philadelphus* 'Belle Etoile', ist Stütze und Gastgeber für *Clematis* 'Prince Charles' (Abb. S.75). Mitte Juni erblüht der Pfeifenstrauch mit fünf bis sechs reinweißen, leicht gewellten Blüten, mit einem Hauch von Rosa im Innern der Kelche. Sein Name bedeutet auf Griechisch Bruderliebe, und so nimmt er die Rankenpflanze, die wir an seiner Schattenseite hinzuge-

fügt haben, auf. Stünde es in meiner Macht, das Rad der Zeit zurückzudrehen, ich hätte mir die beiden als Brautstrauß gewählt.

Die Hauptblüte der Clematis reicht in den Juli. Gemeinsam mit Lavendel und der Blauraute, *Perovskia atriplicifolia,* zieht sie ein blaues Band über den Hang. Die silbergrauen, hocharomatischen Blätter der Blauraute gleichen im Austrieb orientalischen Arabesken. Bis zum Hochsommer entwickeln sich die Blaurauten zu kleinen Sträuchern. Ab diesem Zeitpunkt blühen die hellblauen, zarten Blüten auf ein Meter hohen Rispen wochenlang und werden im Verblühen silbrigweiß.

Im März schneide ich die Ruten auf drei bis sechs Augen zurück und manche auch bis zur Basis, damit sich die Pflanzen wieder zu kräftigen Büschen entwickeln.

▷ Die silberblättrige Blauraute zwischen *Lavandula angustifolia* 'Munstead' und den hellblauen Blüten der *Clematis* 'Prince Charles'

▷ Die sternförmigen, weißen Blüten des einjährigen Schwarzkümmels, *Nigella damascena*, charmanter auch Jungfer im Grünen genannt, stecken ihre Köpfe aus einer feinen, haarartigen Blätterkrause. Nach der Blüte bilden sich die aufgeblasenen Samenkapseln. Die kleinen schwarzen Samen gönnen sich aber keine Ruhe. Sie keimen sofort wieder und sorgen für reichlichen Nachwuchs.

▽ Der Storchschnabel, *Geranium x magnificum,* zieht das Band in kräftigeren Blautönen fort. *Buxus sempervirens* 'Marginata' blitzt wie eine hingeworfene Sonne zwischen Lavendel und den weißen Sternblüten der Jungfer im Grünen auf. Mit seinem Blattaustrieb bringt der Buchs gerade soviel Gelb ins Spiel, dass er das Bild aufweckt und das Blau zum Strahlen bringt.

Rot, die Farbe des Hochsommers

Anfang Juli ändert sich das Farbbild des Südhanges noch einmal. Albizien mischen sich mit ihren weißrosa Farbquasten hinzu. Im Hintergrund erscheinen, in erhabener Größe, die Schäfte der Stockmalven. Sie sind für mich der Inbegriff des Hochsommers mit ihren leuchtenden Schalenblüten. Obwohl ihre Blätter oft von Rost befallen werden, möchte ich sie nicht missen. Die kranken Malvenblätter schneide ich ab. Meistens erscheinen im zweiten Austrieb gesündere oder sie blü-

Stockrosen, *Alcea rosea*, sind nicht sehr langlebig. Durch ihre Selbstaussaat bleiben sie aber jahrelang am gleichen Platz. Werden sie mit Komposterde verwöhnt, erreichen sie Höhen von 2–3 m und bilden somit zu den hängenden Zweigen der Albizie schöne Kontraste.

hen eben ohne Blattschmuck. Auf der anderen Seite entlang des Zaunes haben sich *Clematis* 'Rouge Cardinal' und das Geißblatt, *Lonicera periclymenum* 'Serotina', ineinander verschlungen. Die duftigen und duftenden Blüten des Geißblattes mischen sich wie ein quirliger, kecker Clown zwischen die purpurroten, ernste Kardinalswürde ausstrahlenden Clematisblüten.

Wie Atlas, der das Himmelsgewölbe über sich trägt, stemmt *Clematis texensis* 'The Princess of Wales' ihre Blatt- und Blütendecke über das Dach der Gartenhütte (Abb. S. 81). Das schafft sie aber nicht von allein. Clematis sind Ranken (griech. klema = Ranke) und keine besonders guten Kletterer. Sie benötigen Hilfe durch gespannte Drähte, aber sehr oft muss man selbst auf die Stehleiter, um ihnen den Weg nach oben durch vorsichtiges Fest-

Das Geißblatt, *Lonicera periclymenum* 'Serotina', als Kletterpflanze
Die langen, dünnen Röhrenblüten bringen Leben zwischen die strengen Clematisblüten von 'Rouge Cardinal'.

Clematisblüten, hier *Clematis texensis* 'The Princess of Wales', suchen immer das Licht.

binden zu erleichtern. Um das gute Gedeihen der Clematis zu sichern, muss die kleine Pflanzstelle jährlich mit Kompost versorgt und im Sommer zusätzlich gegossen werden. Trockene und windgeschützte Standorte, wie beispielsweise an unserer Gartenhüttenwand, fördern leider die Mehltaubildung.

▷ In der Anzuchtecke am Rande des Gemüsegartens hat sich schon einiges angesammelt. Neben Jungpflanzen finden sich einige „Ausgeschossene" wie *Cornus florida*, einst als Patient hierher gebracht, oder der selbstgezogene *Cornus sanguinea* 'Compressa' an der Gartenmauer, der noch immer seine Wurzeln im Topf hat und auf einen Gartenplatz wartet. Der einjährige Bergtabak, *Nicotiana sylvestris*, mit seinen langen, weißen Trompetenblüten hat sich nicht nur durch seinen süßlichen Duft beliebt gemacht, sondern auch durch seine klebrigen Blätter. Mit ihnen „fängt" er, wie ich beobachten konnte, kleine Fliegen und Mücken. Um zu einer meterhohen Pflanze heranzuwachsen benötigt *Nicotiana sylvestris* nährstoffreiche Erde und einen halbschattigen Standort.

Es ist schön zu wissen, dass sich noch ein reizender Strauch auf seinen Auftritt vorbereitet, auch wenn der Sommer seinem Ende zugeht. Es ist der Buschklee, *Lespedeza thunbergii* (Abb. S. 71), der sich so lange Zeit gelassen hat und jetzt im September keine Konkurrenz zu fürchten braucht. Mit seinen 3–4 Meter langen, überhängenden, elastischen Zweigen ist er eine sehr elegante Erscheinung. Seine Schmetterlingsblüten bilden einen purpurrosa Vorhang, der nach allen Seiten ausschwingt.

Im Winter frieren die Zweige zurück, aber das schadet nicht, da der Strauch nach dem Zurückschneiden bis zur Basis im Frühjahr wieder aus dem Wurzelstock austreibt und am neuen Holz blüht. Von älteren Wurzelstöcken kann man, am besten im Frühling, mit einem scharfen Spaten einen Teil abtrennen, um diesen Strauch noch an anderer Stelle zu pflanzen. Wenn die gelben Blätter des Buschklees gefallen sind, ist auch der Spätherbst vorüber. Zurück bleiben Formen, Strukturen und Farben von Koniferen, Gräsern

und Sträuchern, die jetzt im Winter zu Protagonisten avancieren, wie der blaue Säulenwacholder, *Juniperus scopulorum* 'Blue Arrow', Buchskugeln, die bizarren, samtigbraunen Samenbehälter des Gelbhornstrauches, die Kissen des Lampenputzergrases und die Kuppeln des Lavendels. Die kahlen, orangeroten, gedrehten Zweige der Weide werden im Winter zum Rastplatz für unsere heimischen Vögel. Es ist vergnüglich, den verschneiten, stillen Garten mit so viel quirligem Leben darin zu sehen.

Der Südhang ist genau der richtige Platz für den wärmeliebenden Gelb-hornstrauch, *Xanthoceras sorbifolium*. Der Kleine verdient es, Zierstrauch genannt zu werden, wenn im Mai/Juni die weißen Glöckchenblüten mit kaminroten Schlünden erscheinen. Im Bildhintergrund die Pimpernuss, *Staphylea colchica*. Sie stammt aus dem Kaukasus, blüht mit glockenför-migen, duftenden, weißen Blütenrispen und schmückt sich im Sommer und Herbst mit aufgeblasenen Früchten.

Die gefiederten Blätter von *Xanthoceras sorbifolium* färben sich erst spät im Herbst gelb und erinnern an Ebereschenlaub (sorbifolius = eber-eschenblättrig). Wie aus dem Maul einer Echse wird der Samen von den Kapseln freigegeben.

Zwischendurch etwas über Unkraut

Ich will nicht lange herumlamentieren über dieses leidige Thema, an dem kein Gärtner vorbeikommt. In W. Hensels Buch „Gartenirrtümer" lese ich zu dem Kapitel Unkraut: „Wenn es überhaupt ein Feindbild im Garten gibt, dann gehören die Wurzelunkräuter zu den Terroristen. Man glaubt sie entfernt zu haben, schon sind sie wieder da; man gräbt sie aus, kurz darauf erscheinen wieder ihre grünen Blätter." Seine Empfehlung lautet, durch ständiges Abreißen bzw. Zupfen das Un-kraut zu schwächen.

Unbehagen kommt in mir auf, lautete doch bisher die oberste Devise, alles Un-kraut mitsamt den Wurzeln zu entfernen.

Obwohl ich seit Jahren das Jäten mit Häu-nel, Unkrautstecher und Grabgabel be-werkstellige, fühlen sich meine Quälgeis-ter wie Giersch, Ackerwinde und Quecke an manchen Stellen im Garten jedes Jahr wohler. Durch das Lockern der Erde wer-den die Wurzeln unterirdisch geteilt und man trägt damit zur Vermehrung bei. Man gießt die gejätete Stelle und pflegt damit auch die Wurzelschösslinge. Die Unkrautvermehrung ist perfekt.

Die neue Methode klingt Erfolg verspre-chend. Es wäre eine große Erleichterung für jeden Gärtner, Giersch- und Que-ckenblätter sozusagen im Vorübergehen durch Abreißen zu schwächen und ihnen

den Garaus zu machen. Eine andere Art, das Unkrautproblem in den Griff zu be-kommen, ist das Mulchen. Rindenmulch eignet sich für größere Pflanzen. Für Stau-denbeete und kleinere Sträucher lohnt es sich, einen Laubkomposthaufen anzule-gen. Man kann das gekehrte Laub auch gleich im Herbst ganz gezielt aufbringen und mit etwas Erde bestreuen, um dem ersten Herbststurm zuvorzukommen. Ahornlaub sowie das Laub von Obstbäu-men, Eschen und Ulmen verrottet sehr rasch. Das Laub von Eiche, Nussbaum und Kastanie hat einen hohen Gerbstoff-gehalt und wird erst nach einigen Jahren zu Kompost.

Für alle Jahreszeiten: Immergrüne als Gerüst und Raumteiler

Koniferen (Zapfenträger) geben dem Garten Atmosphäre und prägen seinen Charakter. Einmal angewachsen bilden sie ein festes, grünes Gerüst, an dem nicht mehr so leicht zu rütteln ist. Koniferen waren auch die Ersten, die wir nach dem Hausbau pflanzten. Wir wollten das brach liegende, von allen Seiten einsehbare Grundstück möglichst rasch heimeliger machen. Etwas ratlos und noch ungeschult durchstöberten wir die Baumschulen. Unser botanisches Interesse reduzierte sich damals noch auf möglichst „Schnellwachsende" und die fanden wir auch. Es waren fünf kleine Mammutbäume, die uns fürs Erste vor fremden Blicken schützen sollten.

Nach einem Jahrzehnt fing das große Roden an. Mit Sorge mussten wir feststellen, dass sie nicht am rechten Platz standen. Sie waren einfach zu groß geworden. Von

Vogelperspektive auf die bunte Mischung von Koniferen und Laubgehölzen
Der dichte Bewuchs mit Latschen, Orientalischen Fichten, Hängeblutbuche, Säulenwacholder und niederen Gewächsen wie Cotoneaster, Kranzspieren, Goldblattspieren haben den Hang so in Beschlag genommen, dass er fast schon pflegefrei ist.

den ursprünglich fünf rasant wachsenden Mammutbäumen, *Sequoiadendron giganteum* (nach dem Indianerhäuptling Sequoiah, 1770–1843, benannt), konnten wir nur einen an der Ostseite des Hauses bestehen lassen. Die anderen Bäume wurden verschenkt oder wärmten uns an Sommerabenden am Kamin.

Das Gigantische und Kraftstrotzende des Mammutbaumes ist nicht nur die Höhe, die er in seiner Heimat Kalifornien und in der Sierra Nevada erreicht, sondern auch der Stammumfang (bis 10 m im Durchmesser). Obwohl er bei uns bei weitem nicht solche Ausmaße annimmt, wäre er in einem Arboretum oder im Grazer Stadtpark besser aufgehoben als in einem Hausgarten von knapp 4000 Quadratmetern.

Ein naher Verwandter des amerikanischen Mammutbaumes ist das Chinesische Rotholz, *Metasequoia glyptostroboides*, auch Urweltmammutbaum genannt. Wie leicht und duftig wirkt aber dieses sommergrüne Nadelgehölz im Vergleich zum Mammutbaum. Wir haben das Chinesische Rotholz vor den Mammutbaum gepflanzt, in der Hoffnung, dass es die Übermächtigkeit seines Verwandten dämpft.

Die weichen, gleichmäßig stehenden, nadelförmigen Blätter des Chinesischen Rotholzes treiben im Frühling in frischem Hellgrün aus und verfärben sich im Herbst von Goldgelb zu Kupferbraun, bevor sie abfallen. Der rotbraune Stamm zeigt bei älteren Exemplaren tiefe Einkehlungen, aus denen sich die Äste herausschieben. Das ist auch ein typisches Merkmal des älteren, amerikanischen Bruders *Sequoiadendron giganteum*.

Das Chinesische Rotholz ist frosthart, gedeiht in frischen, durchlässigen Böden, übersteht in seiner Heimat aber auch Überflutungen, was ihm den Namen Wasserlärche einbrachte.

Den Pflanzenjägern blieb dieses Gehölz lange verborgen. Erst in den 40er Jahren des vorigen Jahrhunderts wurde es entdeckt und da gleich zweimal, nämlich in Japan und in China. Meta bedeutet griechisch „hinter", womit ausgedrückt wird, dass *Metasequoia glyptostroboides* entwicklungsgeschichtlich jünger ist als *Sequoiadendron giganteum*. Der Name *glyptostroboides* bezieht sich auf die gekerbten Zap-

Der übermächtige Mammutbaum, *Sequoiadendron giganteum*, mit dem sommergrünen Chinesischen Rotholz. Etwas Auflockerung bringt die Sommertamariske, *Tamarix ramosissima*. Mit ihren hellrosa Wedeln blüht sie von Juli bis September.

fenschuppen (glyptos = gekerbt; strobos = Zapfen).

Form und Farbe mit Koniferen in den Garten zu bringen gelingt mit der Familie der Zedern, wenngleich sie ihre Eigenheiten haben in Bezug auf Platzansprüche. *Cedrus deodara* 'Pendula', die Hängehimalajazeder, entwickelte sich in unserem Garten fünfzehn Jahre lang als kriechender „Elefant", mit weit ausgreifenden Ästen und elegant herabhängenden Zweigenden. Vor einigen Jahren, als wir der Zeder Nachbarn hinzugefügt haben, dehnte und streckte sie sich mit 2–3 Meter langem Zweigzuwachs nicht nur in die Breite, sondern auch in die

Höhe, wo sie eine neue Etage bildete. Die Zeder hat sich trotz ihres Alters, quasi mit Ellbogentechnik, ihren angestammten Platz nicht nehmen lassen. Die blaue Atlaszeder, *Cedrus atlantica* 'Glauca', mit ihrem lockeren, pyramidenförmigen Wuchs und stahlblauen Nadeln zur einen Seite und die Arizonazypresse, *Cupressus arizonica* 'Fastigiata', zur anderen verursachten offensichtlich diesen Wachstumsschub.

Im Frühling durchbrechen die orangeroten Triebe der Wolfsmilch, *Euphorbia griffithii* 'Fireglow', den goldgelben Nadelteppich der Himalajazeder. Dieses Wolfsmilchgewächs bevorzugt feuch-

te, humose Erde und fühlt sich daher in Symbiose mit anderen Pflanzen wohl, die die Wurzeln vor Austrocknung bewahren und gleichzeitig den gewünschten lichten Schatten spenden. Auch die Himalajazeder hat gegen das krautige Staudengewächs nichts einzuwenden – wie könnte sie auch, gibt ihr doch erst der warme Orangeton der Wolfsmilch, *Euphorbia griffithii* 'Fireglow', den rechten Pfiff.

Im Juni wirft ein schlanker, hoher Blumenhartriegel, *Cornus kousa var. chinensis,* seine unteren Zweige mit weißen, stilisiert wirkenden Blüten auf die alte Zeder. Im Spätsommer folgen die himbeerähnlichen Früchte, in Rot- und Orangetönen.

▷ Hängehimalajazeder, *Cedrus deodara* 'Pendula', mit gelben, weichen Nadeln, davor einige Zweige der Blauen Atlaszeder, *Cedrus atlantica* 'Glauca'. Im Hintergrund die Sicheltanne, *Cryptomeria japonica* 'Elegans'. Koniferen sind kräftige Umrahmer, die nach außen hin Halt geben, durch ihre Behäbigkeit aber auch bisweilen zu schwer wirken. Mit dem weißen Blumenhartriegel, *Cornus kousa var. chinensis*, und der feurigen, orangeroten Wolfsmilch, *Euphorbia griffithii* 'Fireglow', wirken sie wieder aufgelockerter.

◁ Beim Mammutbaum, *Sequoiadendron giganteum*, wandert der Blick schon eine Weile, bis er die Baumkrone erreicht.

87

Sträucher und Koniferen in Begleitung von Stauden

Es ist eine Kunst, Staudenbeete so anzulegen, dass sie zu jeder Jahreszeit schön anzusehen sind. Vor allem bedeutet es auch Anstrengung, wenn ich an das ständige Teilen, Schneiden, Ordnen, Stützen und Aufbinden denke oder an das Füllen von entstandenen Lücken mit passenden Pflanzen.

Um den großen Pflegeaufwand in den Staudenbeeten zu verringern, kombiniere ich die Stauden mit Sträuchern oder Koniferen. Kräftige Pflanzen können mit Laubkompost und verrottetem, gehäckseltem Material gemulcht werden, wodurch die Erde darunter locker, feucht und unkrautfrei bleibt.

Niedere Sträucher wie Kirschlorbeer und Buchsbaum sind Immergrüne, die auch in ein feineres Staudenbeet integriert werden können. Sie sorgen für Ordnung und sind gleichzeitig Füller. Kirschlorbeer, *Prunus laurocerasus* 'Mount Vernon' (Abb. S. 31), bleibt im Sommerbeet beinahe unbemerkt, ist aber für den Gesamtanblick wichtig. Er teilt mir die Flächen der Fetthennen in zwei Inseln oder schiebt sich trennend zwischen verschiedenfarbige Irishorste. In der kalten Jahreszeit übernimmt er mit seinen glänzenden Blättern auch eine tragende Rolle und sorgt dafür, dass das größere Staudenbeet in Hausnähe auch ein attraktives Winterbild ergibt.

In dieser gemischten Bepflanzung dominieren die Stauden. Purpurglöckchen, Schwertlilien und Pfingstrosen geben den Ton an. Buchskugeln, Wacholder sowie die Polster der Wolfsmilch und des Salbeis sind die ausgleichenden Ruhepole.

Buchsbäume, *Buxus sempervirens*, sind ebenfalls Ordnungsmacher in den Blumenbeeten. Das immer gleich bleibende Grün neutralisiert, wenn es die Farben der Stauden zu bunt treiben.

„Mixed borders", so nennt man diese Bepflanzungsart in England, erleichtern nicht nur die Gartenarbeit, sondern bringen auch mehr Abwechslung mit sich. Blühenden Sträuchern kann man durch hinzugesellte Stauden einen schönen Rahmen geben oder sie nach der Blüte, wenn jeglicher Charme aus ihnen gewi-chen ist und sie in Bedeutungslosigkeit zu versinken drohen, mit Stauden, Farnen oder Gräsern beleben. Der Phantasie und der Experimentierlust sollte man dabei mutig freien Lauf lassen. Manchmal hat man Glück und gewisse Kombinationen werden schöner als erwartet, oft aber muss wieder geändert und umgepflanzt werden und dagegen helfen meist die besten Ratschläge nicht, die man im Laufe eines Gartlerlebens, weiß ich wie oft, gelesen hat: Bei Koniferen und Sträuchern, die sich nach einigen Jahren nicht mehr so leicht verpflanzen lassen, ohne darunter zu leiden, sollte der Standort „sitzen". Gehölzen, die nicht geschnitten werden wollen, wie etwa Blumenhartriegel oder Ahorn, wird besser von Anfang an ein gewisser Respektabstand zugestanden. Größenverhältnisse, Formen, Blattstrukturen, die Farben der Blüten und die Blütezeit sollen aufeinander abgestimmt werden, und nicht zuletzt benötigt jede Pflanze ihren persönlichen Wohlfühlplatz, was Lichtverhältnisse und Erde betrifft.

Stauden wie Funkie, die grünlichgelben Blüten des Frauenmantels, Schaublatt und die violettrosa Wiesenraute teilen sich den Platz mit Sträuchern und Koniferen wie hier: buntblättriger Buchs, Ahorn, rotblättrige Blasenspiere und Zwergscheinzypressen.

Schneeforsythie und Stachelkraftwurz

Die Schneeforsythie, *Abeliophyllum distichum,* und die benachbarte Stachelkraftwurz ergänzen sich gut. Ist der eine Strauch verblüht, bringt der andere seine ersten Blätter hervor.

Der derbe Name „Stachelkraftwurz", *Eleutherococcus sieboldianus* 'Variegatus', syn. Acanthopanax, sollte niemanden abschrecken, diesen Strauch in den Garten zu holen. Er ist weder so stachelig noch so kräftig, wie sein Name dies befürchten lässt. Seine gebogenen Äste fallen nach allen Seiten und sind dicht mit ahornblattähnlichen, cremeweiß gerandeten Blättern belaubt. Wegen seiner anmutigen Wuchsform haben wir ihn wie einen „Strauß" zwischen Stauden gepflanzt. An

seiner schattigeren Seite ist er von Funkien umgeben, an seiner sonnigen wird er im Hochsommer von leuchtenden Orangetönen der Montbretien, *Crocosmia,* belebt. Montbretien, die aus Südafrika stammen, sind eigentlich nichts für unser raues Klima. Vielleicht ist der Trick, die kleinen Knollen sehr tief zu setzen (20 cm) und sie mit Reisig zu bedecken, das Erfolgsrezept, sie schadlos über die kalte Jahreszeit zu bringen. Montbretien blühen im August, wo man sich über frische Farben im schon etwas matten Garten freut. Die graziöse Fuchsie, *Fuchsia* 'Riccartonii', stellt sich als Nächste mit Blüten ein. Die kleinen Sträucher blühen von August bis in den Spätherbst mit violettroten Glöck-

Die Blüten der Schneeforsythie Mitte März

chen und einem Tropfen Blau in deren Mitte. Der richtige Standort soll warm, aber nicht zu sonnig sein, die Erde gut wasserdurchlässig, nährstoffreich und leicht sauer. Die Pflanze friert zwar im Winter zurück, treibt aber im Frühjahr wieder frisch aus.

Die Stachelkraftwurz, umgeben von Montbretien und Funkien

Fuchsia 'Riccartonii' im Spätsommer

Die alte Ulme hat sich durchgesetzt

Gelbtöne gehören nicht unbedingt zu meinen Lieblingsfarben. Bei unserer alten Ulme, *Ulmus hollandica* 'Wredei', die seit einigen Jahrzehnten am Ende eines Beetes steht und die wegen ihrer Größe nicht zu übersehen ist, musste ich mich mit der Farbe Gelb auseinandersetzen. Zu lange war der Platz um die Ulme stiefmütterlich behandelt. Mit dem Wacholder, *Juniperus chinensis* 'Plumosa Aurea', dem Goldblattjasmin, *Philadelphus coronari-*us 'Aureus', und der David Austin Rose, *Rosa* 'Graham Thomas', habe ich diesen Bereich nun endgültig als gelben Gartenraum ausgewiesen. Dazu gesellte ich die hohe, gelbe Bartiris, *Iris barbata* 'Foggy Dew', und die blassgelben, flachen Dolden der Schafgarbe, *Achillea* 'Moonshine', mit silbrigem Laub. Die Flockenblume, *Centaurea macrocephala,* mit ihren derben, grüngelben Schuppenköpfen ist in diesem Beet am besten im Hintergrund aufgehoben. Die hellgrünen, lanzettförmigen Blätter wären nicht unattraktiv, könnten sie ohne Schnecken in Frieden wachsen.

Wo so viel Gelb ist, darf Blau nicht fehlen. Das hat auch Van Gogh empfohlen: „Es gibt kein Blau ohne Gelb und Orange, und wenn du Blau malst, dann male auch Gelb und Orange." Im Juni schweben nun über der mattblauen Katzenminze und dem Lavendel auf hohen Stielen

Ein weißgelbes Bild rund um die Ulme entsteht, wenn die Traubenprunkspiere, *Exochorda racemosa,* und der Taubenbaum, *Davidia involucrata,* im Hintergrund, in Blüte stehen.

Den Weg zur Ulme rahmen die silberblättrige Heiligenblume, *Santolina chamaecyparissus, Iris pallida* 'Variegata' mit hellen Schwertern, die gelben Dolden der Schafgarbe und die Rose 'Graham Thomas'.

die violetten Kugeln des Zierlauchs, *Allium giganteum.* Wie auch bei anderen Zwiebelpflanzen sollen die Blätter bis zum Einziehen an der Pflanze bleiben. Sie sind aber alles andere als eine Zierde. So flechte ich die langen, schlaffen Blätter zu Zöpfen und verstecke sie zwischen der Katzenminze, *Nepeta faassenii* 'Six Hills Giant'. Sie bildet mit ihren silbriggrauen Blättern und hellblauen Blütenähren dichte Polster. Sobald sie verblüht ist und auszuufern beginnt, schneide ich sie mit der Heckenschere zurück. Damit fördert man eine Nachblüte und die gute Form bleibt erhalten.

Die Heckenschere verwende ich in diesem Fall vor allem, um die Arbeit rasch hinter mich zu bringen, denn beim Schneiden an heißen Sommertagen verströmt Nepeta einen unangenehmen Geruch. Er stammt vom ätherischen Öl Nepetalacton. Katzen lieben angeblich diesen Duft und sollen davon magisch angezogen werden.

Der Goldblattjasmin ist im Schatten der Ulme platziert, um vor der Sommersonne verschont zu werden, die seine hellen Blätter versengt. Im Frühling erscheinen zwischen dem blitzgelben Blattaustrieb in kleinen Büscheln weiße, duftende Blüten. Im Sommer erlischt das helle Aufflackern

aller Gelbaustriebe von selbst und somit können sie den Rottönen mancher Sommerstauden nicht mehr schaden.

Wie unterschiedlich es in einer Blumenfamilie zugehen kann, zeigen mir die verschiedenen Arten und Sorten der Schwertlilien. *Iris ensata* (kaempferi), die Japanische Sumpfschwertlilie, besitzt vorwiegend gute Eigenschaften: Sie ist mit jedem Standort zufrieden, wenn sie mit nahrhafter Erde versorgt wird und in der Wachstumsperiode genügend Feuchtigkeit erhält. Die Wurzelstöcke sind kräftig, unempfindlich und werden nach einigen Jahren mit dem Spaten geteilt.

Das Goldgelb des Frühlings weicht einem frischen Hellgrün. Nun wird der Goldblattjasmin von duftenden, weißen Blütensträußen eingehüllt. Die alte Pfingstrose, *Paeonia officinalis,* stellt ihre einfachen Blüten nur kurz zur Schau, zeigt sich aber noch einmal im Herbst mit gelbem Blattschmuck.

Blau und Gelb sind die dominierenden Farben Anfang Juli. Im Vordergrund *Chamaecyparus pisifera* 'Aurea', eine spät blühende *Iris ensata* 'Shisi-no-ikare' in dunklem Blau, dahinter die Schafgarben, *Achillea* 'Moonshine', Lavendel, *Lavandula angustifolia* 'Munstead', und Katzenminze, *Nepeta faassenii* 'Six Hills Giant'.

Bei dieser Gelegenheit erhalten die verbleibenden Rhizome eine ausgiebige Fütterung mit Komposterde und damit kehrt wieder Blühfreudigkeit ein. Die grünen Schwerter sind zwar nicht so schneidig wie bei so mancher Bartiris-Hybride, bleiben dafür aber bis zum Herbst frisch und gesund. Die tellerförmig ausgebreiteten Blüten geben auch das liebliche Innenleben preis und schlagen nicht verschämt die Domblätter über sich zusammen. In die Gruppe der Dankbaren gehört auch die Wieseniris, *Iris sibirica.* Sie ist genügsam und erträgt gärtnerische

Vernachlässigungen ziemlich lange. Bei liebevoller Pflege aber zeigt sie, wie schön sie sich mit Blüten und grasartigen Blättern zu schmücken weiß. Die Wieseniris fügt sich auch sehr gut in naturnahe Bepflanzungen ein.

Iris barbata, wie 'Cliffs of Dover', mit weißen gewellten Blütenblättern, 'Shipshape' in Blau-Weiß, 'Night of Owl', die düsterblaue Nachteule, und wie die feinen Damen alle heißen, umgeben von ihren steil aufgerichteten Blattschwertern, legen im Staudenbeet Wert auf gute Gesellschaft. Das Auftreten der sattgelben *Iris* 'Foggy

Im Juni wird der Platz unter der Goldulme von den lila Kugeln des Zierlauchs, *Allium giganteum,* umgeben. Kontrastreich zeigen sich die spitzen Schwerter der Bartiris 'Foggy Dew' (Detail oben) zu den Formen des Zierlauchs und zu den kleinblättrigen Buchskugeln.

Dew' mit ihren prächtigen Domen erinnert an die Welschen Hauben süddeutscher Barockkirchen. So erlesen die Blütenköpfe auch sind, so empfindlich sind die Rhizome, aus denen die Erhabenen steigen. Die Wurzelstöcke zerfließen, im wahrsten Sinne des Wortes, bei Dauerregenzeiten im Sommer. Damit es nicht auf Grund der Bakterien-Nassfäule ein vorzeitiges Ende gibt, dürfen die Rhizome nur ganz oberflächlich in gut drainierte, kalkhältige Erde gebettet werden. Sie lieben einen sonnigen Platz im Beet.

Clematis viticella

Der Steinmauer entlang rankt sich die

Italienische Waldrebe, *Clematis viticella*. Die „Kleine Weinranke" ist von Südeuropa bis Kleinasien verbreitet. Man sieht es der zarten Pflanze nicht an, dass sie so robust ist. *Clematis viticella* hat nämlich den Ruf, von Mehltau verschont zu sein und von der gefürchteten Clematiswelke nicht befallen zu werden.

Von Juni bis August erscheinen die nickenden Glöckchen in gedämpftem Blau. Sie hängen an zarten Stielen, jedes für sich allein, um ihre ausgestellten Röcke zu zeigen.

Die blaue *Clematis viticella* hat sich jahrelang in der Gesellschaft von gelben Steppenkerzen, *Eremurus stenophyllus*,

Der Meerträubel, *Ephedra distachya*, ist in felsigen Mittelmeergebieten zu finden und liebt auch im Garten die wärmende Steinmauer. Aus dem Parterre kommen die blaue *Clematis viticella* (Detail oben) und die Silberkerzen, *Cimicifuga racemosa*, entgegen.

Madonnenlilien, *Lilium candidum*, erscheinen ganz unauffällig hinter der Stiegenmauer. Sobald sie ihre Knospen öffnen, werden sie zum Blickfang und abendlichen Dufterlebnis.

befunden. Leider haben sich unsere Steppenkerzen gegen die Ulme und den Wacholder nicht behaupten können, während sich die Silberkerzen, *Cimicifuga racemosa,* unverändert wohl fühlen.

Der Meerträubel, *Ephedra distachya*
Wie ich zu der eigenartigen Pflanze kam, weiß ich nicht mehr zu sagen. Eine inter-essante Erscheinung ist der Meerträubel mit seinen grünblauen, schachtelhalmartigen Ruten aber auf jeden Fall.

In die warme Ecke eines Steinmäuerchens geschmiegt, fühlt er sich sichtlich wohl. Im Frühjahr blüht er üppig, aber so unauffällig, dass nur der Kenner seine Blüten wahrnimmt. Jahr für Jahr warte ich darauf, dass sich der kleine, struppige Strauch mit roten Beeren schmückt, die sich bis zum Herbst gebildet haben sollten. Mittlerweile habe ich jedoch die Gewissheit, dass es sich bei dem zweihäusigen Meerträubel eindeutig um ein „Männchen" handelt und dass ich vergeblich auf Beeren warte. Denn nur „Weibchen" schmücken sich, wodurch der Meerträubel fast menschliche Züge annimmt.

97

Rastplatz unter der Ulme im Hochsommer

Der Goldspitzenwacholder, *Juniperus chinensis* 'Plumosa Aurea', bildet optisch den rahmenden Schutz für den Sitzplatz unter der Ulme. Die Schafgarbe, *Achillea tomentosa,* hat im Juli die Blüten des Kugellauchs abgelöst, die grazilen weißen Silberkerzen, Taglilien und der Lotosteich umgeben den kleinen Platz im Vordergrund.

99

Die Hochstammglyzine in orangegelber Begleitung

„Die Glyzinen schwanken, wie der Himmelsfluss weiß im Wind der Nacht."
Verse des japanischen Naturlyrikers Gakoku (1639–1710) (Zit. bei A. Bärtels, 87)

Glyzinen lässt man besser nicht in Bäume klettern. Sie zermalmen Holz zwischen ihren gedrehten Ästen und verbiegen sogar Eisenstangen. Auch die Spuren des Knöterichs, eines Schlingers, der vor 35 Jahren unsere Terrasse rasch beschatten sollte, sieht man noch heute. Zwischen den Brettern der Untersichtschalung klemmen die Reste der verdorrten Zweige und lassen sich nicht entfernen. Seither habe ich Respekt vor diesen Würgern. Als Hochstamm gezogen und unter ständiger Kontrolle ist die Glyzine jedoch gebändigt.

Wisteria floribunda 'Alba' verbreitet in der Blütezeit auf der Südterrasse fernöstliche Stimmung. Wie die fallenden Sterne eines Feuerwerks hängen die wickenartigen Blütenknospen an langen Trauben. Die weißen Blüten öffnen sich nach und nach von der Basis zur Spitze und reifen nach der Blüte zu breiten Schoten heran. Ihren Charme behält sich die Glyzine auch im Sommer mit ihren gefiederten Blättern und den nach allen Seiten schwingenden

Die Wolfsmilch, *Euphorbia griffithii* 'Fireglow', versprüht ihr orangerotes Feuer zwischen den weißen Sternblüten der *Deutzia gracilis* und dem blauen Zwergkugelwacholder.

Meconopsis cambrica ist unkompliziert im Unterschied zum blauen Himalajamohn.

Trieben, die in dieser Höhe vergeblich Ausschau nach Halt suchen.

Der Zwergkugelwacholder, *Juniperus squamata* 'Blue Star', und der Maiblumenstrauch, *Deutzia gracilis,* mit weißen Sternchenblüten, werden von Goldblattspieren, *Spirea japonica* 'Goldflame', gerahmt. Das goldgelbe Blatt und den orangeroten Austrieb der Spieren erhalte ich mir vom Frühling bis in den Herbst durch regelmäßigen Schnitt. Lässt man diese robusten Kleinsträucher auswachsen, erscheinen im Juni/Juli dunkelrosa Blütenrispen, die dem Blattschmuck farblich nicht besonders gut zu Gesicht stehen.

Die Wolfsmilch, *Euphorbia griffithii* 'Fireglow', breitet ihre Rhizome am liebsten in feuchter, nährstoffreicher Erde aus. Diese in Form und Farbe attraktive Staude wird ungefähr 80 cm hoch und harmoniert mit dem orangen und gelben Schattenmohn, *Meconopsis cambrica*, nicht nur farblich, sondern auch in Bezug auf Standort und Erdansprüche. Der Schattenmohn sucht sich als überaus fleißiger Aussamer seine Plätze selbst aus. Neben Knospen und Blüten entwickelt der Mohn laufend Samen, die bald wieder als Jungpflanzen in Erscheinung treten. Alte und Junge blühen nun gemeinsam, bis sie von den ersten Nachtfrösten überrascht werden.

Die Heimat des Mohns, *Meconopsis cambrica*, ist aber nicht das Himalajagebiet und das westliche China, wo an die 43 verschiedenfarbige Meconopsisarten vorkommen, sondern der westlichste Teil Europas. Hier breitet er sich als Einzelgänger seiner Art vom Kambrischen Gebirge in Wales und westlichen Nordirland bis nach Westfrankreich und Nordspanien aus.

Von den englischen Gärtnern wird der Mohn eher wie Unkraut behandelt und wird daher nicht so geschätzt wie von mir.

Goldblattspieren, *Spirea japonica* 'Goldflame', rahmen die Deutzie und die Glyzine, *Wisteria floribunda* 'Alba'. Gelber und oranger Schattenmohn sind die unermüdlichen Dauerblüher.

Und wieder ein neues Beet

Jedes Jahr, irgendwann im Sommer, wenn mir das Unkraut und andere dringliche Gartenarbeiten über den Kopf gewachsen sind, kommt der Punkt, wo ich mir vornehme, den Garten in den Wintermonaten umzuplanen, Staudenbeete aufzulassen und alles noch pflegeleichter zu gestalten. Bis zum Winter aber sind die Unannehmlichkeiten, die ein Garten so mit sich bringt, vergessen und anstatt aufzulassen wird wieder neu gestaltet.

Im „Großen Ulmer-Buch für Gartenpflanzen" finde ich sogar noch die Bekräftigung für mein Vorhaben, den Kalifornischen Baummohn im Garten zu probieren: „Obwohl bei uns Winterschutz erforderlich ist, sollte man die Gelegenheit ergreifen, wenn Romneya coulteri angeboten wird." Diese Gelegenheit haben wir ergriffen und eine Pflanze im Topf aus England eingeführt. Der Kalifornische Baummohn, *Romneya coulteri*, sollte als Erster im neuen Beet einen Platz an der geschützten Südseite des Hauses erhalten.

Der Baummohn benötigt den sonnigsten und wärmsten Platz, den ein steirischer

Durch Holzritzen und durch Geröll schaffen es die Triebe des Baummohns, sich ans Tageslicht zu zwängen. Haben sich die Blätterbüsche stattlich aufgebaut, beginnen die Sorgen für den Gärtner: Raupenbefall, Knospenbohrer, Pilzbefall – alles ist möglich.

Die erste Knospe des Baummohns, *Romneya coulteri*, hat sich geöffnet und zeigt ihr fein plissiertes, seidiges Blütenkleid mit einer goldenen Kugel aus Staubfäden.

Garten aufzuweisen hat, denn er ist ein Gewächs aus den heißen Küstengegenden Kaliforniens. Hier wurde er von den beiden Namenspatronen, Dr. Thomas Coulter, einem irischen Botaniker, und seinem Freund Romney Robinson, im 18. Jahrhundert entdeckt.

Von Juli bis August öffnen sich über den grünblauen, bereiften Blättern nach und nach die prallen Knospen und werden zu duftenden Schönheiten. Die weißen, knittrigen Blütenblätter sind wie feines Chiffon gewebt, aus deren Mitte die leuchtende Goldkugel aus Staubblättern ragt. Die Blüten schließen sich nachts, wiederholen ihr Schauspiel aber noch weitere drei Tage.

Die Kultivierung des Baummohns gestaltete sich sehr schwierig. Trotz nachgeahmter natürlicher Bedingungen wie Steingeröll, sandigem, durchlässigem, kalkhältigem Boden, der mit einer Prise Guano und etwas Hornspäne gedüngt wurde, ließ sich die Pflanze zwei Jahre Zeit, um endgültig Fuß zu fassen bzw. sich mit Wurzeln festzusetzen.

Die Wurzeln reagieren empfindlich auf Staunässe, vor allem aber auf saure Böden. Die Folgen sind absterbende Zweige oder gar die gefürchtete Verticillienwelke, gegen die noch immer kein Kraut gewachsen ist. Obwohl diese heimtückische Pilzerkrankung in unserem Garten noch nie aufgetreten ist, hängt sie wie ein Damoklesschwert über meinem Kopf.

Ist die erste Hürde des Anwachsens gemeistert, kennt der Baummohn aber keine Grenzen. Seine Rhizome laufen in alle Richtungen. Meterweit von der ursprünglichen Pflanzstelle entfernt, erscheinen die buschigen Triebe aus Holzritzen, Mauergeröll oder sogar auf der anderen Seite des Weges und nehmen bald mehr Platz für sich in Anspruch, als man ihnen zugestanden hat. „Die königliche Pflanze braucht eben ihren eigenen Thron, den sie auswuchern kann" (R. Borchardt). Beim Vermehren oder Umpflanzen dieses schönen Halbstrauchs stößt man wieder auf Widerstand. *Romneya coulteri* hasst

es geradezu, gestört zu werden. Am erfolgreichsten ist man, wenn man vor dem Austrieb im Frühling einen Großteil der Mutterpflanze an eine andere Stelle verpflanzt. Dabei braucht man sich um den gestörten, ehemaligen Platz keine Sorgen zu machen. Der Baummohn hat ein unterirdisches Wurzelnetz entwickelt und lässt sich um nichts in der Welt vertreiben. Mit peniblen Erd- und Standortansprüchen nimmt er es auch nicht mehr so genau.

Auch wenn der Baummohn winterliche Temperaturen von mindestens −15 °C verträgt, ist es ratsam, ihm in den ersten Jahren Winterschutzbedeckung zu geben. Das Zurückfrieren oberirdischer Triebe ist nicht von Bedeutung, da sich die Blüten am neuen Holz bilden. Im Frühjahr erscheinen die frischen Triebe, die im Sommer wieder über ein bis zwei Meter hoch werden und verholzen, was den Dichter Rudolf Borchardt zu der pa-

Der Hornmohn, *Glaucium flavum,* mit blaugrün bereiften Blättern und Samenhörnern, wird von den orangen Blüten des Scheinmohns umtänzelt. Die gelborangen Kolbenspitzen der Kaplilien in ihrer strengen Haltung (im Bildhintergrund) sind hingegen nicht zu bewegen. Die Kletterrose, *Rosa bracteata* 'Mermaid', mit einfachen hellgelben Blütenschalen und Blaurauten werden die Blütezeit bis in den Herbst ausdehnen.

Die behaarten Knospen und die seidigen Blüten des Hornmohns, *Glaucium flavum*, werden von muschelförmigen Blättern umgeben.

Gleich nach dem Abfallen der Blütenblätter bilden sich die 20–30 cm langen Samenhörner.

thetischen Äußerung veranlasste: „So hat die Natur ein Kraut zum Baum erhoben, in einen neuen, den höchsten von ihr zu gebenden Adel."

Ganz ohne Allüren und adelige Titel und doch mit besonderem Liebreiz schafft es ein anderer aus der Mohnfamilie, die Blicke im neuen Beet auf sich zu ziehen. Es ist der orange, gefüllte Scheinmohn, *Meconopsis cambrica* 'Flore Pleno Aurantiaca', der Bewegung zwischen die starren Kerzen der Kaplilie bringt. Auf zarten, hohen Stielen erzittern die gerüschten Blüten des Mohns bei jedem Windhauch oder biegen sich zu Boden, wenn Hummeln sich auf ihm niederlassen.

Um den Scheinmohn braucht man sich keine Sorgen zu machen. Er samt sich selbst aus, wächst in jedem Boden und ob Sonne oder Schatten scheint ihn auch wenig zu kümmern. Er ist nicht nur winterhart, sondern beinahe immergrün und blüht, wenn die Samenstände laufend entfernt werden, von Frühlingsbeginn bis zu den ersten Frösten. Für die richtige Farbauswahl seiner Nachbarbepflanzung ist jedoch das kritische Auge des Gärtners zuständig. Auch wenn die Blüten reizend sind, wirken sie zwischen rosa Farbtönen störend.

Der Hornmohn, *Glaucium flavum:*

Der Name Glaucium führt uns in die griechische Mythologie, wo Glaukos, ein Fischer, von einem Zauberkraut berauscht ins Meer sprang und in einen Meeresgott verwandelt wurde. Blaugrün (glaucus) wie das Meer sind auch die Blätter des Hornmohnes. Aus einer silbriggrauen Blattrosette wachsen die verzweigten Blütentriebe mit blaugrünen, bereiften Blättern. Wie eine Muschel umschließen sie die spitzen, behaarten Knospen, die sich nur für einen Tag lang zu goldgelben Blüten öffnen. Übrig bleiben die hornförmig gebogenen Samenkapseln. Anfangs entferne ich sie alle zugunsten nachkommender

Blüten. Erst gegen Ende des Sommers lasse ich die 20 bis 30 cm langen Samenhörner ausreifen. Sie sorgen wieder für Nachkommen. Ich verstreue die Samen an trockenen Beeträndern oder direkt neben der Mutterpflanze und erspare mir die Aufzucht in Saatschalen. Die Keimlinge erscheinen im Frühling bereitwillig, sind unverkennbar durch ihre eigenwillige Blattform und Farbe und könnten

gleich an Ort und Stelle belassen werden. Der etwa 60 cm hohe Hornmohn beansprucht aber einen Standort für sich allein oder zumindest am Rand eines Beetes und liebt es sehr sonnig.

Der natürliche Standort des Hornmohns ist die heiße, trockene Küstengegend der westlichen und südlichen Mittelmeerländer. Die Erde soll daher mager, alkalisch und gut wasserdurchlässig sein.

Heiße Südafrikanerin, die Kaplilie:

Mitte Juli erscheinen die Blütenkolben von *Kniphofia uvaria* 'Grandiflora' aus dem dichten Blätterschopf. Ihre hohen Kerzen in Gelb- und Orangetönen wirken fast ein wenig zu extravagant und stolz. Um die Dominanz und Strenge der Fackellilie etwas zu bremsen, „tanzen" im Hintergrund in gedämpften Blautönen Kugeldisteln, *Echinops ritro*, und der gefüllte, orange Scheinmohn, der ihren Farbton noch einmal aufnimmt. Die Fackellilien entwickeln mit den Jahren kräftige Wurzelstöcke, wenn man für sie einen geschützten, warmen, vollsonnigen Gartenplatz findet und die Pflanzen während der Wachstumsperiode mit genügend Feuchtigkeit versorgt. Vor Winternässe schütze ich sie, indem ich ihre langen, schmalen Blätter wie einen Zopf oben zusammendrehe. Vorsorglich breite ich eine lockere Laubschichte um die Wurzelstöcke.

Von Kniphofien gibt es viele Hybriden, auch in dezenten Farben und eleganten Formen. Die zierliche, in Cremegelb blühende *Kniphofia* 'Little Maid' mit dunklem, grasartigem Laub ist ein Beispiel für schlichte Eleganz. Sie wird nicht höher als 60 cm und blüht erst im September.

Etwas abgerückt vom übrigen Garten pflanzte ich die Fackellilien. Ich weiß noch nicht recht, was ich von ihnen halten soll; einerseits prächtig in Form und Farbe, andererseits etwas abschreckend in ihrem dominanten Gehabe. Ein anderer deutscher Name, nämlich Raketenblume, trägt auch nicht gerade dazu bei, Sympathien bei mir einzuheimsen.

Was sich so alles im Garten bewegt

Der heißeste Tag im Juli wird angekündigt und er ist es auch. Ich lasse Arbeitsgeräte wie Gartenschere und Jätwerkzeug an ihrem Platz und schlendere nicht, wie Vita Sackville-West den immer tätigen Gärtner beschreibt, wie eine Martha durch den Garten, sondern einmal wie eine Maria, die sich nur den schönen Eindrücken hingibt. Ich trete ausnahmsweise mit Absicht auf herabhängende Zweige des Lavendels, zerreibe die Blätter des Wermutkrautes, der Blaurauten oder die Dolden des Fenchels, um ihnen das Möglichste an Duft zu entlocken, und beobachte, was sich sonst noch im Garten tut.

Seit einigen Jahren schon nisten im Wildrosenstrauch am Zaun des Nachbarn Neuntöter. Die kleinen, kräftigen Vögel mit auffälligem schwarzen Augenstreif jagen nicht nur nach Insekten, sondern auch nach kleinen Mäusen, die sie als Speisevorrat an die Stacheln der Rose oder auch an den Stacheldrahtzaun heften. Ihre Lieblingsausblickswarte sind die hohen Bohnenstangen im Nachbargarten, aber auch die obersten Zweige unseres Eisenholzbaumes. Von hier aus beobachten sie fast gelangweilt das Geschehen in der hohen Wiese, bis sie eine ausgiebige Beute erhaschen und damit auf den Ausgangspunkt zurückkehren, um sie zu verzehren.

Die Rotschwänzchen haben ihr Nest an der Hauswand schon verlassen. Das wurde von einem Fliegenschnäpperpärchen mit Wohlwollen registriert, und die Behausung wurde natürlich gleich in Beschlag genommen. Drei Junge heißt es nun durchzufüttern und das ist gar nicht so leicht bei der Hitze. Ich besprühe die

Junger Fliegenschnäpper

aufgeheizte Hauswand rund um das Vogelhaus mit dem Wasserschlauch, um den Jungen etwas Kühlung zu verschaffen. Prompt setzt sich der Kräftigste an den Bretterrand und beginnt seine Flaumfedern auszuputzen und aufzuplustern. Hat man einmal ein Meisenpärchen beim Entraupen eines Strauches beobachtet oder die Haussperlingschar beim Entlausen der jungen Buchenblätter, weiß man

diese kleinen Mitbewohner des Gartens erst richtig zu schätzen und man wird sich im Winter mit so mancher Wohltat bei ihnen revanchieren.

Im angrenzenden Wald haben sich nun schon das sechste Jahr Pirole einquartiert. Heuer mussten sie ihre drei Jungvögel im Juni unter kalten, regnerischen Bedingungen aufziehen. Nun lassen sie sich am nahe gelegenen Wildkirschenbaum nieder. Ich beobachte die sonst so Scheuen, deren Anwesenheit nur ihr flötender Gesang verrät. Das Pirolmännchen mit seinem prächtigen, gelbschwarzen Gefieder umsorgt liebevoll seine Familie und steckt einmal dem Weibchen, dann wieder den krächzenden Jungen eine Kirsche in den Schnabel.

Angelockt durch die spiegelnde Wasseroberfläche im Bassin, erproben junge Mehlschwalben ihren Mut, und ohne von mir Notiz zu nehmen segeln sie in rasantem Flug knapp über das Wasser und manch eine taucht auch darunter.

Meine genüssliche Gartenrunde wird abrupt beendet: Ein Maulwurf bahnt sich seinen Weg mitten durchs Staudenbeet. Die Folgen sind unübersehbar, und schon ist man wieder Gärtner, um den lästigen Wühler zu vertreiben.

Ein vornehmes Paar: Blumenhartriegel und Steppenkerze

Der Japanische Blumenhartriegel, *Cornus kousa*, flankiert von Steppenkerzen, beherrscht während der Blüte die Szene. Um ihn scharen sich die Alba-Rose, *Rosa* 'Celeste', der Perückenstrauch, *Cotinus* 'Grace', die Zwergblutberberitzen, *Berberis thunbergii* 'Atropurpurea Nana', und an vorderster Front die dichten Polster des Salbeis, *Salvia officinalis* 'Purpurascens'. Den ruhigen Hintergrund für die Bepflanzung bilden *Magnolia liliiflora* 'Nigra' mit ihren dunkelgrünen Blättern und stahlblauer Wacholder. Die Silberölweide hebt sich mit ihren hellen Blättern und kaum sichtbaren, duftenden Blüten vom übermächtigen Mammutbaum ab und bildet mit gebauschten Zweigen einen silbrigen Abschluss.

Wie die Sterne der Milchstraße erscheinen die unzähligen weißen Blüten im Juni an den Zweigen des Japanischen Blumenhartriegels, *Cornus kousa*. Genau genommen sind es aber nicht die Blüten, die diese weißen Blütenwolken bilden. Die eigentliche Blüte besteht nur aus einem unscheinbaren, grüngelben Köpfchen, das von vier Hochblättern, den Brakteen, umgeben ist. Anfangs noch grünlich, putzen sie sich im Laufe einiger Wochen zu reinem Weiß. Sie haben nun die Aufgabe der Blütenblätter übernommen, Insekten zur Bestäubung herbeizulocken. Im Herbst gibt *Cornus kousa* mit himbeerähnlichen, rosaroten Früchten und mit scharlachrotem Laubschmuck seine wunderschöne Abschiedsvorstellung.

Die Samen des Blumenhartriegels keimen zahlreich, doch nicht jedes so entstande-

Einzelblüten von *Cornus kousa var. chinensis*. Die kleinen grünen Blütenköpfe sind von vier weißen Hochblättern umgeben.

◁ *Cornus kousa*
Hat man die erste Durststrecke des Wartens einmal hinter sich, erscheinen die weißen Sternblüten des Blumenhartriegels in großer Fülle regelmäßig im Juni.

▷ Die drei Grazien über den weißen Blumenhartriegelblüten

ne Pflänzchen hat die gleich guten Eigenschaften wie die Mutterpflanze. Es ist daher besser, vegetativ vermehrte Pflanzen in der Baumschule zu kaufen, um sich die Enttäuschung über zu kleine Blüten oder gar über einen Blütenausfall zu ersparen. In Japan wächst *Cornus kousa* in lichten Wäldern oder am Waldrand, in leicht sauren, humosen Böden. Auch wenn er bei uns frosthart ist, so geht der Winter nicht immer ohne Spuren an ihm vorüber. Der Schnee kann für seine dicht verzweigten, horizontal ausgebreiteten Seitenäste bald zu schwer werden. An Bruchstellen bilden sich zwar kräftige neue Triebe, die aber wieder einige Jahre benötigen, bis auf ihnen Blüten erscheinen.

Mit der Blumenhartriegelblüte erscheinen die Ähren der Steppenkerzen. Diese vornehmen Gewächse erreichen im Juni ihre höchste Ausstrahlung und ragen wie die Fialen einer gotischen Kathedrale himmelwärts. Ihre Heimat ist das Himalajagebiet. Als wollte sich die Steppenkerze an den Gipfeln ihrer Heimat messen, erreicht sie Höhen von 2,5 bis 3 Metern. An den kräftigen Schäften blühen die zarten Becherglocken in Weiß mit einem Hauch von Rosa bei *Eremurus robustus*, in weißgelblichem Farbton bei *Eremurus himalaicus*.

Außergewöhnliche Pflanzen regen die Phantasie der Menschen besonders an und erhalten entsprechend viele Namen. Neben ihrem wissenschaftlichen Namen Eremurus (griech. eremos = einzeln; oura = Schwanz) wird sie auch mit Namen wie Riesenasphodel, Kleopatranadel oder Lilienschweif bedacht und tatsächlich gehört die Steppenkerze zur großen Familie der Liliengewächse.

Die Steppenkerze hat aber keine Zwiebel wie die ihr verwandte Lilie, sondern wächst aus fleischigen Rhizomen, die sich in Form eines Seesterns knapp unter der

Erde ausbreiten. Sie sind sehr brüchig und wollen nicht gestört werden. Der Wurzelbereich der Steppenkerze ist daher im Schutz von Sträuchern am sichersten untergebracht. Gepflanzt wird Eremurus an die Südseite der Sträucher, da die Blüten die Sonne lieben. Die Wünsche so einer Aristokratin sind aber noch lange nicht erfüllt, auch wenn man für durchlässige Bodenverhältnisse gesorgt und neutrale bis alkalische, humose Erde für sie bereitgestellt hat.

Die spargelähnlichen weißen Sprosse erscheinen schon so zeitig im Frühling, dass ich sie vorsorglich mit einigen Reisigzweigen vor Nachtfrösten schütze, nicht aber die Rhizome, die bei zu großer Feuchtig-

Steppenkerze, *Eremurus himalaicus,* im Visier

keit faulen würden. Ist diese Hürde überwunden, folgt schon die nächste. Jeder Gärtner, der seine Schützlinge lieb gewonnen hat, wird nun zum Wettlauf mit den zwar langsamen, aber hinterhältigen Schnecken aufgefordert. Mit Holzasche aus dem Kamin, mit Eisensulfat, das sogar für den Gemüsegarten geeignet wäre, oder mit anderem sticheligen Material, wie getrockneten Wacholderschnipseln, kann man gewinnen. Das Gärtnern ist eben eine spannende Sache.

Ab August, September zieht die Pflanze ein und könnte vorsichtig geteilt werden, wenn man die nötige Courage dazu besitzt. Dass Steppenkerzen winterhart sind, ist eine löbliche Eigenschaft, dass sie aber zur Bildung von Blüten die Winterkälte sogar benötigen, liegt gottlob nicht mehr in meiner Hand.

Fortsetzung in Lila und Weinrot

In unserer Gärtnerei entdeckte ich einen Perückenstrauch, der sich von dem üblich gepflanzten *Cotinus coggygria* 'Royal Purple' durch sein helleres Laub unterscheidet. Er heißt *Cotinus* 'Grace', der „Anmutige". Ich kannte ihn schon aus englischen Gärten, wo er mit Vorliebe in „mixed borders" gepflanzt wird.

Jedes Jahr im Frühling schneide ich ihm die langen, violettblauen Zweige des vorjährigen Austriebs, nach englischem Vorbild, bis auf 30 cm zurück und jedes Jahr lässt er sich mit dem Neuaustrieb so lange Zeit, dass mich ernste Bedenken befallen, ihn zu radikal geschnitten zu haben. Einige Wochen später kann ich aber wieder aufatmen. In den Blättern beginnt ein Farbenspiel von Rosa-, Rot- und Violetttönen, wie auf der Palette eines Malers, vor allem wenn sich die Sonnenstrahlen in ihnen fangen.

Anfangs wächst der Perückenstrauch zu einem rundlichen Strauch heran. Zu dieser Zeit wirft sich die Alba-Rose, *Rosa* 'Celeste', in ihr schönstes, duftendes, hellrosa Kleid. Sie blüht zwar nur einmal im Jahr, dafür aber reichlich. Alba-Rosen blühen nicht nur weiß, wie ihr Name vermuten lässt, sondern auch in rosa Farbtönen. Ich sehe die Rose aber auch außerhalb der Blütezeit gern, mit ihren graublauen, gesunden Blättern.

Cotinus coggygria 'Royal Purple' bildet den Hintergrund für den Japanischen Schneeball, *Viburnum plicatum tomentosum*.

◁ Steppenkerzen in der Morgendämmerung

113

Im Juni sind die lachsfarbenen Mohnblüten von *Papaver orientale* 'Königin Alexandra' Blickfang zwischen Salbei, *Salvia officinalis* 'Purpurascens', Zwergblutberberitzen, *Berberis thunbergii* 'Atropurpurea Nana', und den blaugrünen, noch schlanken Trieben der Fetthenne.

Im Juli/August beginnt sich der Perückenstrauch zu lockern und greift mit seinen 3–4 m langen, geschmeidigen Ruten um sich, gefolgt von einem Feuerwerk an Herbstfärbung. Die runden Polster der Zwergblutberberitzen, *Berberis thunbergii* 'Atropurpurea Nana', fangen mit ihren dunkelroten, kleinen Blättern in Bodennähe den Farbton wieder auf. Sie wachsen von Natur aus in einer gefälligen Form und benötigen nicht viel Pflege. Berberitzen sind aber keine Hungerleiderpflanzen, wie man wegen ihres dornigen und struppigen Aussehens vermuten könnte.

Sie lieben nährstoffreiche Böden mit genügend Feuchtigkeit.

Der buntlaubige Salbei, *Salvia officinalis* 'Purpurascens', durchzieht in blauvioletten Bändern den Vordergrund der Bepflanzung. Mohn, Lilien oder auch zartere Clematissorten sind ideale Begleiter, um dem samtigen Blattteppich auch etwas Glanz aufzusetzen. *Papaver orientale* 'Königin Alexandra' bringt im Juni ein kurzes, farbiges Zwischenspiel. Die seidigen, rosa Blütenköpfe verbreiten zwei bis drei Wochen lang eine aufregende Stimmung. Nach ihrem Auftritt zieht sich

die vergängliche Schönheit zurück, beziehungsweise zieht ganz ein, und dankbar betrachtet man die ausdauernden Pflanzen, wie Salbei und Fetthennen, die die entstandenen Lücken des Mohnes füllen. Die Fetthennen, *Sedum telephium* 'Matrona', zeigen von Woche zu Woche mehr an Farbe und Form. Ab August werfen sie sich von Kopf bis Fuß in mystisches, dunkles Lila. Sie tragen ihre breiten Blütendolden in einheitlicher Höhe und bilden so eine wogende Blütendecke. Sobald die einzelnen Sternblüten geöffnet sind, wird die Blütendecke von Bienen-

Gartenrunde in Richtung Hängejudasblattbaum, *Cercidiphyllum japonicum* 'Pendulum', vorbei an den nun eingefärbten Fetthennen, *Sedum telephium* 'Matrona', und dem in verschiedenen Rottönen leuchtenden Perückenstrauch, *Cotinus* 'Grace'.

schwärmen und auch einigen Hornissen belagert. Letztere bringen ernstere Töne ins einheitliche Summen und haben es, als Fleischfresser, nicht nur auf den Nektar abgesehen.

Die getrockneten Blütenstände der Fetthennen sind auch im Winter noch Schmuck für den Garten. An warmen Februartagen schneide ich die Stiele dann endgültig, denn die Rosetten der Neuaustriebe benötigen Platz. In mäßig nährstoffreicher und durch etwas Sand gelockerter Erde beginnen sie von Neuem ihre Horste hochzuschieben, um im Herbst ihre dunklen Kuppeldächer über die Beete zu breiten.

Die Buschmalve, *Lavatera* 'Barnsley', bringt Anfang Juli mit ihren fröhlichen, rosaweißen Becherblüten mit dunkelroter Mitte Aufheiterung in diese ernste Pflanzengesellschaft.

Buschmalven sind nicht sehr langlebig und auch nicht besonders winterfest. Man sollte also rechtzeitig, das heißt im Frühsommer, Grünstecklinge machen, um etwas Vorrat zu haben. Einfacher ist es jedoch, sich eine neue Pflanze zu besorgen. Die Ausgabe lohnt sich, denn die Buschmalve wächst innerhalb eines Sommers zu einem 2 m hohen, wunderschönen Busch heran, der unermüdlich bis weit in den Spätherbst Blüten hervorbringt.

Dazwischen wirbelt eine tropische Pflanze mit ihren flammenden rosa bis purpurnen Blütenköpfen in den September hinein. Es ist die Spinnenblume, *Cleome hassleriana*, die in einer Saison die stattliche Höhe von 1–1,5 m schafft, wenn sie mit Kompost genährt wird. Schon wenige Pflanzen genügen, um ein Staudenbeet neu zu beleben.

Cleomen gehören zu den Einjährigen, was soviel bedeutet wie jährliches Aussäen oder den Garten nach Pflänzchen abzusuchen. Die Samen keimen im Freien spät, da sie Temperaturen von ungefähr 18 °C benötigen.

△ Spinnenblumen, Buschmalve und Eisenkraut, *Verbena bonariensis*, im Hintergrund. Das Eisenkraut mit seinen sparrig verzweigten Trieben überwintert nicht immer, samt sich aber aus. Die lilablauen Doldenblüten eignen sich auch als Trockenblumen.

▷ Harmonie der Fetthennen im August: *Sedum telephium* 'Matrona' auf hohen, purpurnen Stielen, *Sedum spectabile* 'Brilliant' mit flaumigen, lilarosa Dolden und *Sedum* 'Carl' in Magentarot.

116

Ein Junibild ganz in Weiß: Chinesischer Blumenhartriegel

(Cornus kousa var. chinensis)

Der Chinesische Hartriegel, *Cornus kousa var. chinensis,* wächst zu einem ausladenden, pyramidenförmigen Großstrauch heran. Seine langgestielten Blüten erscheinen anfangs in Cremeweiß, das später in reines Weiß übergeht. Begleitet wird er von der Wolfsmilch, *Euphorbia griffithii* 'Fireglow', dem Waldgeißbart, *Aruncus dioicus,* und einer Kugeleibe.

119

Die Königin der Blumen, die Pfingstrose

Der aus China stammende Blumenhartriegel, *Cornus kousa var. chinensis,* unterscheidet sich von seinem japanischen Bruder durch einen stärkeren Wuchs und durch rundliche, breitere Brakteen. Ernst Wilson brachte den Baum 1907 nach Europa.

Wir haben dem vornehmen *Cornus kousa chinensis* den Waldgeißbart, *Aruncus* (Ziegenbart) *dioicus,* zur Seite gestellt. Er bildet kräftige Horste mit dekorativen, farnähnlichen Blättern und gewinnt an Schönheit, wenn man ihn ungestört alt werden lässt. Mit den rahmweißen Blütenwedeln zeichnen diese Waldgeister malerische Bilder. *Aruncus dioicus* ist zwar eine Waldstaude, kommt aber auch mit etwas sonnigeren Bedingungen gut zurecht, vor allem wenn sie in Gruppen gepflanzt wird und in feuchter, nährstoffreicher Erde steht.

Als nächste im Bunde öffnet die Chinesische Pfingstrose, *Paeonia lactiflora* 'Jan van Leeuwen', ihre weißen Blüten, mit Quasten aus gelben Staubfäden. Einladender für Bienen, Hummeln und Schmetterlinge kann man sich kaum präsentieren. Die 1 m hohen Stiele der Päonie sind stark genug, die großen Blütenschalen selbst zu tragen. Die Blütezeit der Päonien ist leider ziemlich kurz. Die Pflanze bleibt aber durch ihre tiefgrünen, gelappten Blätter auch außer der Blütezeit noch ansehnlich.

Da die langlebigen Pfingstrosen am liebsten an dem Ort bleiben, wo sie einmal gepflanzt wurden, muss man ihnen von Anfang an die besten Bedingungen schaffen. Päonien lieben zwar feuchte, aber gut wasserdurchlässige, tiefgründige Böden. Ein 50–60 cm tiefes Pflanzloch wird mit einem Gemisch aus guter Gartenerde und reichlich Kompost gefüllt. Wichtig ist, dass die Wurzeln der Päonien ganz oberflächlich gepflanzt werden und die Blattknospen, die schon im zeitigen Frühjahr erscheinen, von Erde befreit sind. *Paeonia lactiflora* stammt aus Nordchina und ist daher klimamäßig nicht verwöhnt. Sie soll Temperaturen bis −50 °C vertragen.

Die Pfingstrose ist eine der ältesten Kulturpflanzen. Besonders geschätzt wurde sie von Anfang an wegen ihrer heilenden Kräfte. Schon Homer hat in seiner Ilias berichtet, dass Apollon die blutstillende Wirkung der Päonienwurzeln nützte, um die Wunden seiner Krieger im Trojanischen Krieg zu heilen. An Apollons

Filigrane, vibrierende Blüten des Waldgeißbarts, *Aruncus dioicus,* mit statisch ruhigen Blüten des Blumenhartriegels, *Cornus kousa var. chinensis*

Zweites Ich, den Heilgott Paion, richtete man die Paiane (Preislieder), um Befreiung von Krankheiten zu erbitten.

In der christlichen Religion ist die Päonie als „Rose ohne Dornen" Attribut der Gottesmutter. In Marienliedern besungen und von Martin Schongauer 1473 auf seinem berühmten Gemälde „Madonna im Rosenhag" in Colmar gemalt, symbolisiert die dornenlose Pfingstrose die Milde und Güte der Gottesmutter.

Die größte Verehrung wird der Päonie heute noch in ihrer asiatischen Heimat zuteil, wo sie als Königin der Blumen, als Blume der weiblichen Schönheit und des Reichtums gilt.

Der Hängeerbsenstrauch, *Caragana arborescens* 'Walker', ist zwar nur ein kleiner Strauch von etwa 1 m Höhe und Breite, bringt aber mit seinen leicht gebogenen, herabhängenden Zweigen viel Stimmung ins Beet. Seine blassgelben, wickenartigen Blüten öffnen sich im Mai. Was ich aber am meisten an ihm schätze, sind

Die Chinesische Pfingstrose, *Paeonia lactiflora* 'Jan van Leeuwen', in der Abenddämmerung. Die Zäpfchen in der Netzhaut unseres Auges, die uns am Tag ein farbenfrohes Bild bescherten, haben sich zurückgezogen. Die Stäbchen malen uns nun romantische Bilder in Schwarzweiß.

seine hellgrünen, fedrigen Blättchen, die ihm, trotz gebückter Haltung, den Eindruck von Leichtigkeit verleihen. Durch seine anmutige Gestalt ist er ein idealer Strauch, um Pflanzbereiche zu unterteilen oder neue zu schaffen.

Die volkstümliche Bezeichnung „Caragana" erhielt er in seiner kirgisischen Heimat, wo er von den Bewohnern so benannt wurde. Es ist also kein wissenschaftlicher, sondern ein Vernakularname (lat. vernaculus = einheimisch).

Etwas Lila für den Juli:

Viele Jahre hindurch hat der Mexikanische Ysop, *Agastache rugosum*, Platz zwischen den silbrigen Polstern des Perlpfötchens, *Anaphalis triplinervis*, eingenommen und uns mit seinen aromatischen Blättern und blaurosa Blütenrispen einen Sommertee beschert. Er hat sich reichlich selbst ausgesamt, sodass auch nach strengen Wintern genug Nachwuchs vorhanden war, und blühte von Mitte Juli bis in den Herbst. Ein Nachteil waren seine Blätter,

die sehr an Brennnesselblätter erinnern. Daher wurde er in den Kräutergarten zu Pfefferminze und Zitronenmelisse umgesiedelt. Eine andere Juliblüherin, die Prachtscharte, *Liatris spicata,* hat seinen Platz eingenommen. Der erste Sommer war ein Jammer. Nichts wollte glücken, und Liatris kümmerte dahin. Eine leise Drohung im Vorübergehen musste die Pflanze angespornt haben, da sie seither wirklich wie eine Prachtscharte gedeiht. Aus den spärlichen Blütenkolben ent-

Die strenge Form des weißen Fingerhuts kontrastiert mit den fedrigen Wedeln des Waldgeißbarts und den fallenden Zweigen der Hängeerbse. Feierlich und ruhig geben sich die Blütenschalen der Pfingstrose. Den Rahmen bilden die Polsterpflanzen im Vordergrund, wie das Purpurglöckchen, *Heuchera micrantha* 'Palace Purple', das silberblättrige Perlpfötchen, *Anaphalis triplinervis,* und die frisch grünen Blätterschöpfe der Prachtscharten, *Liatris spicata.*

wickelten sich Samen, die keimten und im darauffolgenden Jahr zu kräftigen, grasartigen Blatthorsten heranwuchsen. Die violetten, struppigen Röhrenblüten öffnen sich in ungewöhnlicher Weise von oben nach unten. Sie lassen sich hiefür einige Wochen Zeit.

Die kleinen, verholzten Knollen sind frosthart, vertragen aber zu feuchte Winter in schweren oder verdichteten Böden nicht.

◁ Harmonische Farbbilder entstehen, wenn das Zartlila der Funkienblüten, *Hosta* 'Francee', mit dem kräftigeren Violett der Prachtscharte, *Liatris spicata*, zusammentrifft. Als Umrahmung dienen die weißgrünen Blättchen des Kleinstrauchs, *Buxus sempervirens* 'Argenteovariegata'.

Die silbrigen Hügel des Perlpfötchens, *Anaphalis triplinervis*, und der Salzstrauch im Hintergrund erinnern noch an die weißen Wochen im Juni. Die Prachtscharten, *Liatris spicata*, blühen mit violetten Kolben neben dem geduckten Hängeerbsenstrauch, *Caragana arborescens* 'Walker'.

„Gib auch Blätter, damit der Glanz der Blumen nicht blende" (Goethe)

Blüten haben es so an sich, nur für eine kurze Zeitspanne im Rampenlicht zu stehen. Sind die verblühten Gesichter abgeschnitten, zeigt sich die wahre Gestalt der Pflanze. Nun treten die Blattformen, die Grünschattierungen und die verschiedenen Strukturen der Blätter in den Mittelpunkt. Erst das Zusammenspiel von Kontrasten beziehungsweise der Wechsel von Formen, Texturen und Farbtönen macht die Bepflanzung auch ohne Blüten

zum Bild. Der Reiz der Blätter liegt in der Unaufdringlichkeit und damit auch in der Beständigkeit.

Ganz so unaufdringlich geben sich die Blätter der Sumpfschwertlilien und der Funkien allerdings nicht. Anfangs scheinen die spitzen Triebe der Iris und die Pfeilspitzen der Hosta die Erde zu sprengen. Erst nach und nach nehmen sie ihre endgültige Gestalt an und entfalten sich zu statisch strengen und spitzen Iris-

schwertern, während die Funkien ihre großen, runden Blattscheiben aufrollen. Ein Bild voller Spannung entsteht und könnte dabei auf Blüten ganz verzichten. Wir haben die Sumpfiris, *Iris pseudacorus* 'Variegata', zwischen die Funkien, *Hosta* 'Sum and Substance' mit herzförmigen, gelbgrünen Blattschöpfen und *Hosta sieboldiana* 'Elegans' mit stahlblauen Blatttellern, gepflanzt. „Harfe und Pauke" nannte Karl Foerster den markanten

Funkien lassen sich mit ihrem Austrieb lange Zeit. Dann aber drängen sie kraftvoll ans Licht, im Unterschied zu den zarten, hellen Blattknospen des *Cornus alternifolia* 'Argentea'. Die Sumpfiris, *Iris pseudacorus* 'Variegata', zeigt vor allem im Frühling ihre weißgrünen Schwerter. Im Laufe des Sommers verblasst ihre Zweifarbigkeit.

124

„Harfe und Pauke". Die schmalblättrigen, spitzen Blätter der Sumpfschwertlilie, *Iris pseudacorus* 'Variegata', bringen Leben in die ausladenden, breiten Funkienblätter von *Hosta* 'Sum and Substance' in Gelb und *Hosta sieboldiana* 'Elegans' in Stahlblau. Als Harfe und Pauke bezeichnete die große Gärtnerpersönlichkeit Karl Foerster (1874–1970) den Wechsel von vertikalen und horizontalen Formen.

Gegensatz zwischen Horizontaler und Vertikaler, Linearem und Flächigem, der so ein spannungsgeladenes Bild erzeugt.

Horror vacui, also Angst vor leeren Stellen im Beet, braucht man bei einer Bepflanzung mit Hosta nicht zu haben. Um Funkien das Beste abzugewinnen, darf aber mit Komposterde und Mist nicht gespart werden. Ich mische auch etwas Torf darunter. Sie danken es mit mächtigen Blatthorsten und einem sehr langen Leben. Erhalten die Pflanzen genug Feuchtigkeit, gedeihen sie auch an sonnigeren Gartenplätzen. Bei der Auswahl an Arten und Sorten kann man aus dem Vollen schöpfen, so vielfältig ist das Angebot an Farben, Formen und Strukturen.

Funkien sind in ihrer Erscheinung so auffällig, dass jede kleine Schadstelle an ihren Blättern ins Auge sticht, und deren gibt es im Laufe eines Sommers viele. Jedes aufziehende Gewitter kann den Funkienblättertraum in einen Albtraum verwandeln, vor allem, wenn Hagelkörner mit im Spiel sind. Unser Garten bleibt von diesen unangenehmen Naturerscheinungen meistens verschont. Das verdanken wir der fliegenden Hagelabwehr, die seit einigen Jahren die Obstkulturen in unserer Umgebung schützt.

Funkien bestechen nicht nur durch schöne Blätter. *Hosta sieboldiana* 'Elegans' mit weißen Röhrenblüten gehört eben, wie alle Funkien, zu den Liliengewächsen.

Ein Verwandlungs-
künstler: der
Blumenhartriegel
(Cornus kousa 'Satomi')

Die gemischte Pflanzenanlage im Überblick, mit Blumenhartriegel, Funkien, Schwertlilien und den weißen,
in lockeren Etagen angeordneten Blüten des Schaublatts
Bei großflächigeren Pflanzbereichen ist es vorteilhaft,
mit dem Wechsel von Pflanzenarten und -sorten und
auch mit Farben zurückhaltend zu sein, damit das
Auge bei der Betrachtung zur Ruhe kommen kann.

Die Sumpfschwertlilien, *Iris pseudacorus* 'Variegata', benötigen nicht unbedingt sumpfige Bedingungen, wie ihr Name vermuten lässt, um gut zu wachsen. Sie sind die Robusten unter den Schwertlilien und lassen alles über sich ergehen. In der Nachbarschaft von Funkien schmarotzen sie an deren guter Erde mit und erhalten ihre hohen Blatthorste bis in den Herbst.

Dass der Blumenhartriegel, *Cornus kousa* 'Satomi', einer der prächtigsten sein kann, konnten wir schon vor Jahren im Saville Garden in England feststellen. Von Gartenbesichtigungen kehren wir nicht nur voller Ideen für den eigenen Garten zurück, sondern auch voller Begehrlichkeiten. In diesem Fall war es *Cornus kousa* 'Satomi', der uns mit seiner rosaroten Blütenpracht augenblicklich entflammte. Noch im Herbst pflanzten wir ein Exemplar, wohl im Bewusstsein, große gärtnerische Geduld bis zur Blüte aufbringen zu müssen. Über das Wachstum konnten wir uns nicht beklagen. Jedes Jahr fügte sich ein kleiner neuer Etagenzweig hinzu und hin und wieder bedeckte sich ein Zweiglein im unteren Geschoß zaghaft mit Blüten.

Könnte es sein, dass ihm ein „Blütenflüsterer" von der Aussicht, in unserem Gartenbuch auftreten zu dürfen, geflüstert hat? Wie dem auch sei, heuer, im achten Lebensjahr bei uns, warf er sich voll in Schale.

Blumenhartriegel benötigen den Gärtner nur selten, hat man für sie, wie es Goethe ausdrückte, einmal „das Gehörige gethan". Alle Blumenhartriegel sind mit einer Mischung aus Komposterde und Torf gut versorgt. Bei sonnigen Standorten wird die Blütezeit früher einsetzen als bei Standorten im lichten Schatten. Gleichmäßige Bodenfeuchtigkeit wird von allen Blumenhartriegeln gewünscht. Eine dichte Unterpflanzung mit Stauden wie Knöterich, Storchschnabel, Elfenblume oder Immergrün schafft ein sehr gutes Bodenklima für Jungsträucher oder -bäume.

Cornus kousa 'Satomi', der in einer gemischten Rabatte im Halbschatten gepflanzt ist, wird von der eleganten Funkie, *Hosta sieboldiana* 'Elegans', umworben. Die großblättrige, stahlblaue Funkie hat ihren Soloauftritt schon hinter sich und hat nun für *Cornus kousa* 'Satomi' eine dienende Rolle übernommen.

Wie schon der amerikanische Blumenhartriegel, *Cornus florida* 'Rubra', der im Mai blüht, überrascht auch *Cornus kousa* 'Satomi' mit einem ständigen Farbwandel seiner Brakteen. Von kräftigen Rottönen bis zum zartesten Hellrosa ist auf seiner

Ton in Ton mit den Blüten des Schaublatts zeigt sich der Blumenhartriegel, *Cornus kousa* 'Satomi', am Ende seiner Blütezeit.

Farbpalette alles vertreten. Wohltuende Begleitmusik zu finden ist daher gar nicht so einfach. Dissonanzen für das Auge entstanden, als sich im Hintergrund die Schaumkronen der Akeleiblättrigen Wiesenraute, *Thalictrum aquilegiifolium,* mit violettrosa Tönen dazumischten. Die Wiesenraute hat sich hier im Halbschatten gemeinsam mit dem Schaublatt sehr wohl gefühlt. Als Schwächere muss sie aber weichen. Im nächsten Frühling steht ihr der Umzug bevor. Bis dahin ist es aber noch eine lange Zeit, und meistens steht man im nächsten Frühjahr ratlos da, weil alle Vorhaben in Vergessenheit geraten sind. Man blättert in Fotoalben, um das

Gedächtnis aufzufrischen, was manches Mal ja auch gelingt. Eine bewährtere Methode ist es, sich für Gartenrunden ein „Itinerar", also ein Büchlein anzugelegen, in das man alle Ideen, Beobachtungen und Vorhaben gleich notiert, denn das Gartenbild ändert sich schnell und unaufhörlich.

◁ Von kräftigen Rottönen bis zu sanftem Rosa wechseln die Blüten des Blumenhartriegels, *Cornus kousa* 'Satomi'.

▽ Ein Bukett aus blauen Funkienblättern, *Hosta sieboldiana* 'Elegans', und rosa Blütenzweigen des Blumenhartriegels, *Cornus kousa* 'Satomi', im Juni.

Ein Schattenplatz aus der Nähe

Ein kleiner Strauch, dem es gelingt, jeden noch so schattigen Platz zu erhellen, ist der Pfeifenstrauch, *Philadelphus coronarius* 'Variegatus'. Durch seinen auffallenden, weiß-grünen Blattschmuck übersieht man seine Blüte im Mai beinahe, wäre da nicht der herrliche Duft, den er verströmt und der nicht nur Insekten magisch anzieht. Die leicht gebogenen, breiten Blätter zeigen im Innern eine Grünzeichnung, wie aus der Hand eines Malers. Der kleine Strauch hat eine lockere, anmutige Wuchsform und wartet nur darauf, von schönen Stauden umrahmt zu werden.

Mit dem Blattaustrieb im Frühling erblüht *Dodecatheon meadia* 'Queen Victoria', die Götterblume, als Erste. Aus kleinen, dichten Blattrosetten wachsen 20 cm hohe, kerzengerade Stiele, an deren Ende die zyklamenfarbigen Blütenköpfchen hängen. Die Kronblätter sind senkrecht hochgestülpt und geben so freien Blick auf die Staubbeutel und den spitzen Griffel. Ihr Auftritt ist sehr kurz, da die Pflanze bald nach der Blüte eine Ruhephase einlegt. Um diese unauffällige, aber doch reizende Götterblume nicht zu verlieren, markiere ich ihren Standort mit Stäben. Man muss auf diese Kleinen sehr Acht geben, um ihren Fortbestand zu sichern. Die Blutwurz, *Sanguinaria canadensis*, auch für schattige, feuchte Stellen geeignet, habe ich durch Unachtsamkeit verloren. Sanguinaria ist frosthart, ganz zum Unterschied von der Tibetorchidee.

Weiße Blüten und Blätter bringen Licht in dunkle Gartenecken: der blühende, weißbuntlaubige Pfeifenstrauch und die weißgerandete Funkie, *Hosta* 'Francee'. Ein Fingerhut hat sich zwischen Ahorn und Funkie gepfercht. Seine Blütenfarbe hält er jedoch noch geheim.

Die strahlend weißen Blüten des Pfeifenstrauchs, *Philadelphus coronarius* 'Variegatus', mit den himmelblauen Blüten des Tibetmohns, *Meconopsis betonicifolia*

Pleione formosana, eine exotisch anmutende Schönheit, die in China und Indien in 1 000 bis 4 000 Meter Höhe in feuchten Wäldern wächst, ist bei uns nur bedingt winterfest. Dass sie den vorigen kalten Winter dennoch im Freien überlebt hat, verdanke ich wahrscheinlich dem frühen Schneefall. Die schützende Schneedecke blieb von Dezember bis März liegen und hat mir die Vergessene erhalten. Erst zur

Blüte wurde ich wieder an sie erinnert. Die kugeligen Bulben wären im Keller oder an einem frostfreien Platz besser aufgehoben.

Wenn sich die ersten kleinen Extravaganten nach und nach schon wieder verabschieden, erscheinen Mitte Juni die Blüten des Himalajamohns und die weißen Blüten der Herzblume, *Dicentra formosa var. alba*. Mit ihrer filigranen

Blattstruktur bildet sie mit Hostablättern schöne Kontraste.

Die Funkie, *Hosta Francee*, rahmt den kleinen Gartenraum mit ihren panaschierten, also weiß gemusterten Blättern und zartlila Blüten und hält die Stellung bis in den Herbst.

Seit drei Jahren beobachte ich im Anzuchtbeet ein Liliengewächs. Es ist die Lilientraube, *Liriope muscari*, die sich

Fernwirkung darf man sich von diesen Kleinen am Schattenplatz nicht erwarten. Aus der Nähe betrachtet finden sich hier die weiße Schaumblüte, *Tiarella wherryi,* eine bodendeckende Pflanze mit lindgrünen Blättern, und die zartviolette Tibetorchidee, *Pleione formosana.* Häufiges Teilen der Wurzelausläufer veranlasst die Schaumblüte zu reichlicher Blütenbildung. Im Hintergrund zeigt die Götterblume ihre letzten veilchenartigen Blüten. Die weiße Herzblume und eine Funkie umrahmen den Schattenplatz.

Von Früh- bis Spätherbst erscheinen die amethystfarbenen Ähren der Lilientraube, *Liriope muscari,* aus ihrem immergrünen Blätterschopf. Herbstblüher, die zu so später Stunde noch mit frischen Blüten aufwarten, sind selten. Sie werden daher, wie das Schneeglöckchen im Frühling, mit doppelter Aufmerksamkeit betrachtet.

Die Bachnelkenwurz, *Geum rivale,* eine Pflanze für Liebhaber. Wenn man Glück hat, findet man dieses Glöckchen an schattigen Bachufern auch in der freien Natur. Für den Garten ist sie aber auch in Gärtnereien erhältlich.

hier gut eingelebt hat und nun ausgesiedelt werden soll. Ende September, wenn man gar nicht mehr mit Blüten rechnet, erscheinen aus dem immergrünen, grasartigen Blätterschopf die Blütenkolben mit amethystfarbenen Blüten wie kleine Korallenkugeln. In Fernost wächst Liriope in hochgelegenen Wäldern, auf sauren Böden im Schatten. Eine Ansiedelung am Rand eines Moorbeetes würde ihren Bedürfnissen daher entsprechen und für

weitere Abwechslung im Spätherbst sorgen. Will man in eine Staudengruppe oder in eine Strauchbepflanzung, die sich schon fest etabliert hat, eingreifen, um mit einer Pflanze Farbakzente zu setzen oder die Struktur zu ändern, wird das oft ein schwieriges Unterfangen für die neu Hinzugekommenen. Die Jungpflanzen bekommen zu wenig Luft und Licht, bleiben im Wachstum zurück oder werden still und heimlich von allerlei Ungeziefer

verzehrt. Diese kleinen Staudenpflänzchen, wie sie auf Blumenmärkten oder in Gärtnereien erhältlich sind, pflanze ich in etwas größere Töpfe um. Ich beherberge sie ein bis zwei Jahre im Anzuchtbeet. Hier stehen sie unter meiner Obhut und haben Zeit, kräftige Wurzelballen zu bilden. Wenn sie so gestärkt sind, entlasse ich sie an ihren endgültigen Standort, wo sie sich nun gegen ihre Nachbarn besser behaupten können.

Kontrastreich: feingliedriger Ahorn und kräftig strukturiertes Schaublatt

Ahorne sind edle, anmutige Bäume, die sich von ihrem Gärtner mehr erwarten, als nur Gärtner für sie zu sein. Sie verlangen nach dem Liebhaber im Gärtner, also nach dem Gartenliebhaber, der tunlichst darauf bedacht sein sollte, alle ihre Ansprüche zu erfüllen. Es musste schon sehr viel Wasser die Mur hinunterfließen, bis unser Garten die nötige Reife erlangte, um mit Ahornen bepflanzt werden zu können. Dazu gehört vor allem ein Altbaumbestand, denn Ahorne benötigen schattige bis halbschattige Standorte mit humosen, feuchten und leicht sauren Böden, wie sie es auch in ihrer Heimat vorfinden.

Acer palmatum 'Orangeola', direkt importiert aus der Hand des „Ahornpapstes" D. M. van Gelderen, Besitzer der Baumschule C. Esveld in Boskoop, hat es recht gut geschafft, sich von dem milden, holländischen Klima auf unsere binnenkontinentalen Verhältnisse umzustellen. Er wächst aber nicht, wie man es sich

Acer palmatum 'Orangeola' und der grünblättrige *Acer palmatum* 'Seiryu', dahinter der blühende Pfeifenstrauch. Im Vordergrund *Hosta* 'Sum and Substance', die blauen Blätter der Funkie, *Hosta tardiana* 'Halcion', und das weiß blühende Schaublatt, *Rodgersia sambucifolia*.

133

von einem japanischen Fächerahorn erwarten würde, breit ausladend, sondern wallend wie eine Schleppe aus purpurrotem Laub, das sich im Herbst violettpurpur und schließlich blutrot färbt. In unmittelbarer Nachbarschaft, also unter gleichen Bedingungen und von gleicher Herkunft, plagt sich aber *Acer palmatum* 'Seiryu'. Er zeigt einen kräftigen, aufrechten Wuchs mit tiefgeschlitzten, hellgrünen Blättern. Doch immer wieder beginnt das alte Leiden mit aufgesprengter Rinde und verdorrten Ästen. Der Winter vernichtet einen Teil des Zuwachses und so kommen wir über den Status quo ante nur schwer hinaus. Dem ehrgeizigen Gärtner sind eben auch Grenzen gesetzt. Nicht alles kann man dem Garten abtrutzen.

Rodgersien nehmen einigen Platz in Anspruch, um ihre Pracht wirklich zur Schau stellen zu können. Ihre Schönheit liegt in ihren imposanten Blättern, die je nach Art sehr vielfältige Farben und auch Formen annehmen können, wie kastanienblättrig bei *Rodgersia aesculifolia*, gefiedert bei *Rodgersia pinnata*, holunderblättrig bei *Rodgersia sambucifolia*. Aber auch die Blüten

Gib auch Blätter,
damit der Glanz der
Blumen nicht blende.
Auch das Leben
verlangt ruhige
Blätter im Kranz.
(Goethe)

Architektonik der Pflanzen:
Horizontale Formen schaffen eine Atmosphäre der Ruhe und Ausgeglichenheit auch wenn die Blätter in variantenreichen Formen, Farbtönen und Strukturen dicht beieinanderstehen. Die skulpturenhafte Schaublattblüte schafft es in ihrer streng vertikalen Form, die Ruhe zu unterbrechen.

stehen an Attraktivität nicht nach. Wenn im Juni auf hohen Stielen die rahmweißen oder rosaroten, etagenförmig übereinanderstehenden Blütenrispen erscheinen, hat die Pflanze alle ihre Trümpfe ausgespielt. *Rodgersia pinnata* 'Superba' erscheint im Frühling mit auffallenden, hellroten Blattaustrieben, die sich bis zum Sommer zu bronzegrünen Blättern auswachsen. Die rosaroten Blütenrispen behalten ihre Schönheit lange Zeit, da sie nach der Blüte kleine, dunkelrote Samenkapseln bilden, die auch noch im Winter ein interessantes Bild bieten.

Für Gruppenbildung sorgen Rodgersien von selbst. Es dauert nur einige Jahre, bis sie große Horste gebildet haben. Im Sommer lechzen Rodgersien nach genügend Feuchtigkeit und Schatten, sonst verdorren oder verbrennen ihre Blätter. Dass diese kräftigen Pflanzen humose Böden bevorzugen, versteht sich fast von selbst.

Harmonie der Farben und Formen: Das Schaublatt, *Rodgersia pinnata* 'Superba', mit geballten Blütenrispen in Rosarot, *Rodgersia sambucifolia* mit rahmweißen, etagenartig angeordneten Fiederblüten, dahinter bildet *Cornus kousa* 'Satomi' eine hellrosa Blütenkette.

An der romantischen Sonnenseite des Weges

Rosen verbreiten romantische Atmosphäre im Garten. Ich denke dabei besonders an meine kleinblütige Kletterrose, *Rosa* 'Pompon de Paris', die ihre langen Zweige in weiten Bögen graziös über ihren silbrigblättrigen Nachbarn, den Salzstrauch, legt. Es ist das romantische Bild, das nicht nur im Jungmädchenalter beim Lesen von Klopstocks Versen 'Das Rosenband' zu Träumereien verführt:

„Im Frühlingsschatten fand ich sie, da band ich sie mit Rosenbändern: Sie fühlt' es nicht und schlummerte. Ich sah sie an; mein Leben hing mit diesem Blick an ihrem Leben."

Die Kletterrose, 'Pompon de Paris', und die Katzenminze säumen die sonnige Seite des Weges. Das rosa Band wird auf der schattigen Seite mit Wiesenrauten und der Blasenspiere, *Physocarpus opulifolius* 'Diabolo', fortgesetzt.

Der steif aufrecht wachsende Efeu, *Hedera helix* 'Erecta', dient der Kletterrose auch als Stütze. Ehrenpreis, *Veronica austriaca* 'Knallblau', blüht nur kurz, aber in intensivem Blau. Der Ehrenpreis gehört im Garten zu den Wanderpflanzen. Es setzt sich am liebsten an Beeträndern fest.

Der Salzstrauch, *Halimodendron halidendron*, ist übersät mit zartrosa Schmetterlingsblüten, aber er ist leider nicht so fotogen wie *Clematis* 'Comtesse de Bouchaud'.

Die zarten Knospen der Kletterrose erscheinen im April und manch eine öffnet sich schon an warmen Maitagen. Ihre volle Blüte in Zuckerlrosa erreicht sie Mitte Juni und erfreut bis in den Herbst mit Nachzüglern, wenn die Raupenplage und der Rostbefall sich in Grenzen halten.

Der Salzstrauch, *Halimodendron halidendron* (griech. hálimos = salzig; déndron = Baum), ist in der Ukraine, in Südrussland, Turkestan und im Altai beheimatet. Hier wächst der kleine Schmetterlingsblütler in trockenen Gebieten und auch in Salzsteppen. Er ist frosthart, verträgt aber keine Nässe im Winter. Pflanzt man ihn an einen sonnigen, warmen Platz, entwickelt er sich zu einem 1–2 m hohen Strauch, wobei die äußeren Äste elegant überhängen. Mit den silbrigblauen, länglichen Blättern und den rosa Schmetterlingsblüten ist der Salzstrauch eine anmutige Erscheinung. Da er keinen Schnitt benötigt, stören auch seine kleinen Dornen nicht, die nach der Blüte aus der Blattspindel entstehen.

In Violettrosa erscheinen Ende Juni die breiten Blüten der *Clematis* 'Comtesse de Bouchaud' und fangen die Farbe der Salzstrauchblüten noch einmal ein. Eigentlich sollte die Clematis eine Höhe von 3 Metern erreichen, worauf wir bei der Französin schon seit Jahren warten.

Der Salzstrauch bedacht mit seinen überhängenden, silbrigen Zweigen von oben die kleine Pflanzecke. Katzenminze, *Nepeta faassenii (x)* 'Six Hills Giant', bildet dichte Polster und beschattet gleichzeitig den Fuß der Clematis.

Farbenfrohe Großstauden für die Schattenseite des Weges

Obwohl die andere Seite des Weges im Schatten liegt, schafft die Akeleiblättrige Wiesenraute, *Thalictrum aquilegiifolium*, ein farbenfrohes, leichtes Bild. Sie ist die malerischste unter den Großstauden. Das liegt aber nicht nur an den rosa-violetten Schaumkronen ihrer Blüte im Juni, sondern auch an der Besonderheit ihres Laubes. An ihrem drahtigen Gerüst zittern die blaugrünen, akeleiartigen Blättchen wie Espenlaub und heben sich kontrastreich von den Blättern der Funkie und des Schaublatts ab. In trockenen, heißen Sommern vergilben die Blätter der Akeleiblättrigen Wiesenraute allzu früh und müssen entfernt werden. Als Ersatz habe ich ihr die trockenheitsresistente Wiesenraute, *Thalictrum minus* 'Adiantifolium' zur Seite gestellt. Die unscheinbaren Blüten entferne ich laufend, und so entwickelt diese Wiesenraute ein ganz feines, dichtes Blattgespinst, das sich von den derben Funkienblätter kontrastreich abhebt.

Thalictrum aquilegiifolium mit rosa, schaumigen Blütenköpfen und dekorativen zarten Blättern, die der Akelei ähneln. Nach der Blüte bieten auch die verschiedenen Blattformen und -farben ein schönes Bild. Der Duftsiegel, *Smilacina racemosa* (im Hintergrund), trägt im Frühling duftende Rispen mit weißen Blüten, die im Herbst zu roten Beeren reifen. Der Duftsiegel ist eine Schattenpflanze und benötigt kalkfreie Böden.

Silberkerzen und Eisenhut

Von Juni bis September reicht das Blütenangebot der Silberkerzen, Cimicifuga. Was die Silberkerze mit „fliehenden Wanzen" (cimex = Wanze; fuga = Flucht) zu tun hat, war mir so lange ein Rätsel, bis ich in Jürgen Dahls Buch „Der neugierige Gärtner" las, dass zerriebene Blätter durch ihren unangenehmen Geruch Wanzen in die Flucht schlagen sollen. Da man aber keine Veranlassung hat, die Blätter dieser schönen Pflanze zu zerreiben, kann man sich den Duftwolken, die die Blüten ver-

strömen, ungestört hingeben. Mit ihren hoch aufstrebenden, weißen kandelaberartigen Rispen zählen die Silberkerzen zu den ganz großen Stimmungsmachern in schattigen Beeten.

Cimicifuga racemosa (racemosus = traubig) (Abb. S. 99) beginnt den Blühreigen im Juni mit gefiederten Blättern und reinweißen Kerzen, die sich kandelaberartig verzweigen, gefolgt von der herzblättrigen Silberkerze, *Cimicifuga rubifolia*, deren rahmweiße Blüten im Juli erscheinen. Sie

hat den Nachteil, dass ihre Stängel nicht stark genug sind und daher rechtzeitig gestützt werden sollten. *Cimicifuga ramosa* 'Atropurpurea' (ramosa = verzweigt) zeichnet sich durch dunkelpurpurnes Laub aus, von dem sich die hellen, weißrosa Kerzen besonders kontrastreich und elegant abheben. Ihre Blütezeit ist August und September und das ist auch die Zeit, wo der Eisenhut seine ersten lapislazuliblauen Blüten zu öffnen beginnt. Die rotblättrige Blasenspiere, *Physocarpus*

Die im Juni blühenden Silberkerzen, *Cimicifuga racemosa*, machen vor einem dunklen Hintergrund immer eine gute Figur, hier die Latschen, *Pinus mugo mugo*, und die Säulenblutbuche, *Fagus silvatica* 'Dawyck Purple'.

Die dunkelblättrige Silberkerze, *Cimicifuga ramosa* 'Atropurpurea', blüht erst im September.

opulifolius 'Diabolo', ein unkomplizierter Strauch mit schwarzroten Blättern, bietet sich bei so vielen Kerzenformen als Hintergrundpflanze an (Abb. S. 136). An seinen überhängenden Ästen erscheinen im Frühling weiße bis rosa überhauchte ballartige Blütenrispen, die sich bis zum Herbst in glänzende, rostrote Früchte verwandeln.

Schon im Juni bereite ich den Eisenhut, *Aconitum napellus*, auf seinen Auftritt im Herbst vor. Zu diesem Zeitpunkt kürze ich den Großteil seiner Triebe um ein Drittel ein. Er erhält dadurch einen dichteren Wuchs, wird gleichzeitig standfester und die Blütezeit kann durch den Rückschnitt ausgedehnt werden. Nicht gekürzte Triebe blühen etwas früher als die geschnittenen. Damit sich der Eisenhut erst einmal richtig entwickeln kann, benötigt er halbschattige, nährstoffreiche und eher feuchte Gartenplätze. Eisenhut ist eine Hummel-Blume, denn nur die starken Hummeln mit ihren langen Rüsseln schaffen es, in die behelmten Blüten vorzudringen, um Nektar zu erwischen und um ihre Fremdpollen auf die Narbe der Blüten abzuladen. Doch immer wieder beißen Raubhummeln den Blütenhelm von außen durch, um sich die Arbeit zu ersparen und gleich an den Nektar zu gelangen. Von solchen Räubereien sind auch Akeleien betroffen, die von Hummeln bestäubt werden.

Beim Hantieren mit Eisenhut ist Vorsicht geboten, denn alles an der Pflanze ist hochgiftig, insbesondere die Wurzeln. 1–2 Gramm reichen aus, Herzstillstand oder Atemlähmung auszulösen. Nachdem das Gift, Aconitin, auch durch die unverletzte Haut aufgenommen werden kann, bieten Gartenhandschuhe den besten Schutz. Bei richtigem Umgang braucht man auf diese prächtigen Herbstblüten im Garten nicht zu verzichten, es sei denn man hat Kleinkinder oder Haustiere. Das satte dunkle Blau des Eisenhuts und die elfenbeinfarbenen Perlenschnüre der gleichzeitig blühenden Silberkerze, *Cimicifuga simplex* 'White Pearl', lassen einen im September/Oktober noch einmal den Atem anhalten. Doch rund um diese Blütenpracht wirft schon der Herbst seine Farben in Ahorn und Blasenspiere.

Herbstschönheiten: Silberhartriegel, *Cornus alternifolia* 'Argentea', tiefblauer Eisenhut, *Aconitum napellus,* und Silberkerze, *Cimicifuga simplex* 'White Pearl'
Den Hintergrund bilden die schwarzroten Blätter der Blasenspiere.

Rosa, Blau und Violett

„Wenn der Baum geboren, ist er nicht sofort groß. Wenn er groß ist, blüht er nicht sofort. Wenn er blüht, bringt er nicht sofort Früchte hervor."
(Aegidius von Assisi)

Geduld haben ist nicht nur bei der Erziehung unserer Kinder eine Tugend, sondern auch beim Gärtnern. Es ist ernüchternd, Beschreibungen zu lesen wie: „sehr langsam wachsend, Jahreszuwachs etwa 5 cm, im Alter sehr dekorative Pflanze". Wie soll je aus dem winzigen Containerpflänzchen die Zwergkoloradotanne, *Abies concolor* 'Compacta', entstehen, wie ich sie, stattlich und ausgewachsen, schon vor Augen habe.

Die mittlerweile zwei Meter hohe und ebenso breite Zwergkoloradotanne mit ihren graublauen, weichen Nadeln und ihrem lockerkugeligen Wuchs ist nach 15 Jahren doch noch zum Raumteiler eines Beetes geworden. Chinaschilf und Federmohn helfen ihr dabei. Durch ihre Größe und durch ihr einheitliches Grün bilden die beiden einen ruhigen Hintergrund für die Bepflanzung im Sommerbeet.

Die blaue Zwergkoloradotanne bildet gemeinsam mit der Rose, *Rosa* 'Gertrude Jekyll', dem einfachen, aber dekorativen Chinaschilf, *Miscanthus sinensis*, mit der *Clematis* 'Alionushka' und dem Federmohn eine bewegte Kulisse im Hintergrund. Die strengen Formen der Buchskugeln und die Silbermatten des Ziests sorgen für Stabilität und erzeugen das Gefühl von Ruhe und Ordnung, während die Selbstaussamer wie Glockenblumen und Lichtnelken ihre gestalterische Freiheit genießen.

Der Federmohn, *Macleaya cordata*, ist wohl der Seltsamste in der Mohnfamilie. Seltsam vor allem wegen der ungewöhnlichen Größe. Mit der stattlichen Höhe von 2 bis 3 Metern überragt er so manchen Strauch. Ab Juli übernehmen seine hohen Federbüsche und großen, tief gelappten Blätter das Kommando im Staudenbeet. An den gefiederten Rispen erscheinen unzählige kleine Röhrenblüten in Gelbbraun mit einem Hauch von Rosa. Es ist aber nicht die Blüte, die hier im Vordergrund steht, sondern die gesamte Pflanze in ihrer erhabenen Erscheinung. Die mächtigen Horste sind ein Blickfang bis in den Spätherbst. Der Federmohn erfüllt all das, wonach der Gartenliebhaber Ausschau hält: architektonische Wirkung, dekorative Struktur und obendrein auch noch Gesundheit.

Macleaya cordata wächst in jeder durchlässigen Gartenerde. Seine fleischigen Rhizome ähneln denen des Kalifornischen Baummohns. Das bedeutet, dass sie zwar reichlich Ausläufer bilden, aber ungern verpflanzt werden wollen. Am besten gelingt es zu Frühlingsbeginn, sobald die Erde aufgetaut ist. Man sticht die Rhizome sehr tief aus und verpflanzt sie möglichst rasch an den gewünschten Platz. Ein Stützen oder Aufbinden ist an windgeschützten Stellen beim Federmohn meist nicht erforderlich.

Ganz an der vorderen Front des Beetes, mitten unter Stauden, ist seit kurzem die rosa-weiß blühende Weigelie, *Weige-*

Der Federmohn, *Macleaya cordata*, beherrscht mit seinen hohen Federbüschen die Szene, während der Gamander, *Teucrium* 'Paradise Delight', im Vordergrund langsam Farbe annimmt. Die Becherblüten der einjährigen Malve sollten eigentlich in dezenter Weise eine Lücke füllen. Dass sie in so vulgärem Rosa erscheinen, liegt aber nicht an den armen Malven, sondern vielleicht am züchterischen Übermut, vor dem man sich in Acht nehmen sollte.

la 'Kosteriana Variegata', platziert. Der Kleinstrauch macht schon in kürzester Zeit eine gute Figur im Beet. Er streckt seine Zweige wie in einem japanischen Blumengesteck geziert zwischen die himmelblauen Blüten des Storchschnabels, *Geranium* 'Johnson's Blue', und den Silberteppich des Eselohrs, *Stachys byzantina* 'Silberteppich'. Der Matten bildende Ziest, wie er auch genannt wird, ist nur 15 cm hoch und passt mit seinen wolligen, weiß behaarten Blättern zu allen niederen Nachbarstauden. Sein Wurzel-

geflecht ist so dicht, dass Unkraut gar nicht aufkommt. Die etwas höhere Sorte *Stachys grandiflora* 'Superba' zeigt sich auch als schöner Silberteppich, aber leider nur bis Sommerbeginn. Von da an entwickeln sich die zartrosa, weißpelzigen Blütenstände, die bis zu 60 cm hoch werden und alle Kraft für sich in Anspruch nehmen. Spätestens nach einem Sommergewitter, wenn die schweren Blütenstände auf den Boden klatschen und alles geschnitten werden muss, bereut man, sie an den Rand eines Beetes gepflanzt zu

haben. Als silbrige Lichtblicke stehen sie besser in kleinen Gruppen in der Mitte eines Beetes.

Clematis 'Alionushka', *Rosa* 'Heritage' und *Rosa* 'Gertrude Jekyll' bestimmen das Sommerbild. Das war nicht immer so. Unser Garten war jahrelang Lieblingsaufenthalt und Durchzugsstraße von Rehen und Hasen. So beschränkte sich die Anzahl der Rosen auf ein Minimum. Einige 'Westerland' Hochstammrosen bei der Terrasse haben diese Zeit überstanden, dank der Hausnähe und der ausgedienten

Frühsommerbild mit den zartrosa Blüten der Weigelie, *Weigela* 'Kosteriana Variegata', umringt von Ziest, *Stachys byzantina* 'Silberteppich', und den blauen Becherblüten des Storchschnabels, *Geranium* 'Johnson's Blue'.

Kartoffelsäcke, die sie im Winter vor Zubiss und Kälte schützten. Und da gab es die rosafarbigen und roten „Muttertagsröschen", die Namenlosen, in winzig kleinen Tontöpfen mit viel Krepppapier umwickelt, die nach dem Aussetzen alle Unbilden der Natur überlebt haben und mittlerweile zu 1 m hohen und breiten Büschen herangewachsen sind. Sie bilden ihre Knospen bis in den Spätherbst und halten sie trotz Frost und Schnee in dauernder Bereitschaft. Im Jänner geschnittene Zweige erblühen auf der warmen Fens-

Die zweijährigen Brutzwiebeln der Königslilien zwischen Ziest, *Stachys grandiflora* 'Superba', benötigen noch ein bis zwei Jahre, bis sie ein königliches Auftreten haben.

Auch kleine Pflanzbereiche in Rosa und Blau ziehen den Blick auf sich. Den Liebreiz erhalten sie erst, wenn sie von silberweißen Blättern aufgehellt werden, wie hier vom pelzigen Ziest und von den Blättern der Schweizer Gebirgszwergweide, *Salix helvetica*.

145

„Eine Rose ist eine Rose ist eine Rose …" *Rosa* 'Lucetta', eine schöne Dauerblüherin, aber leider ohne Duft. „Marzipanblüten" der Rose im Detail (Bild rechts).

Im Frühsommer wird die Rose von Schwertlilien, *Iris barbata* 'Cliffs of Dover', und den rosa Blüten des Storchschnabels begleitet.

terbank und bilden im sonnengewärmten Wasser sogar Wurzeln.

Eine neue Rosenära begann mit der ersten „Englischen Strauchrose" in unserem Garten, die uns an die berühmte Gartengestalterin Gertrude Jekyll erinnern sollte. Natürlich pflanzten wir *Rosa* 'Gertrude Jekyll' (Abb. S. 142) an den Wegrand, um ihren Duft auf unseren Gartenrunden genießen zu können. Ihre Nachblüte ist zwar nicht besonders üppig, doch meist zeigen diese Blüten ein noch intensiveres Rosa als ihre zahlreichen Vorgängerinnen.

Als Dauerblüherin unter den Strauchrosen hat sich *Rosa* 'Heritage' erwiesen, obwohl unser Exemplar noch sehr jung ist. Bis in den Spätherbst öffnen sich die Blüten, mit sorgfältig nach innen gefalteten hellrosa Kronblättern. Ihre Blüte ist sehr vornehm und das ist auch ihr Duft. In dieser Beziehung tanzt aber die schönste aller Schönen, *Rosa* 'Lucetta', aus der Reihe. Ihre Blüte ist von so ausgesuchter

146

Marzipanrosen-Schönheit, dass sie es anscheinend nicht nötig hat, die Insekten auch noch mit Duft betören zu müssen. Sie wächst als hohe Strauchrose und bringt ab Juni am laufenden Band Blüten hervor. Begleitet wird sie von hellrosa Storchschnabelblüten, Geranium, einem Mitbringsel aus England, Name leider unbekannt, weißen Bartiris, *Iris barbata* 'Cliffs of Dover', und der blauen *Iris barbata* 'Shipshape'. Später im Sommer gesellen sich Buschmalven, Schmetterlingsstrauch, *Buddleja* 'Pink Delight', und Blutweiderich, *Lythrum salicaria*, mit Rosatönen hinzu.

Bisher habe ich mich gescheut, Clematis mitten ins Beet zu pflanzen. Die Kletterhilfen, ob aus Holz oder Draht, sehen aus wie Vogelscheuchen, wenn es die Pflanzen nicht schaffen, sie zu überwachsen. Bei *Clematis* 'Alionushka' kann man eine Ausnahme machen. Sie wächst kräftig und hat ihr fächerförmiges Drahtgestell schnell umwuchert. So üppig wie ihr Wuchs ist auch ihre Hauptblüte im Juni und Juli. Sie bedeckt sich mit unzähligen violettrosafarbigen, nickenden Glöckchen und hat trotzdem noch Reserven für Herbstblüten.

Clematis 'Alionushka' wird im Frühling

Sommerbild mit *Clematis* 'Alionushka' (Detail oben) und Königslilien, *Lilium regale,* im Hintergrund. Die gefiederten, dunklen Blätter der Strauchpäonie, *Paeonia delavayi,* und die gebuchteten, runden Blätter des Federmohns bilden den abwechslungsreichen Hintergrund in Grün für die noch blassen Tellerblüten der Hortensien. Im Vordergrund die himmelblauen Kerzen des Ehrenpreises, *Veronica longifolia* 'Blauriesin'.

wie eine Staude bis zum Boden zurück-geschnitten und mit Kompost versorgt. Nach 3 bis 4 Jahren ist ihr Wurzelballen so stark, dass ein Teilen vorteilhaft ist. Das ist auch der einfachste Weg, sie zu vermehren.

Zwar nicht mit Pauken, aber mit Trompeten erscheinen die Lilien auf hohen drahtigen Stielen. Die langen, röhren-förmigen Knospen der Lilien, alle in die gleiche Richtung schauend, zeigen sich in düsterem Purpurrot. Umso dramatischer posaunen sie, wenn sich die weißen Trompetenblüten mit kanariengelben Schlünden und goldgelben Staubbeuteln öffnen und sich in süßliche Duftschwaden hüllen.

Die Königslilie, *Lilium regale*, ist bei uns zwar erst seit Anfang des 20. Jahrhunderts bekannt, aber dennoch heute die am weitesten verbreitete Lilie. Ernest Henry Wilson, der uns vom Taubenbaum her schon bekannt ist, fand die Königslilie in ihrer chinesischen Heimat in einem ab-gelegenen Bergtal in Szetschuan und er berichtet:

„Dort, in engen, semiariden (halbtrocke-nen) Tälern, durch die reißende Ströme hinabstürzen, und umringt von Bergen aus Tonschiefer und Granit, deren Gipfel von ewigem Schnee bedeckt sind, liegt die Heimat der Königslilie. Im Sommer herrscht brütende Hitze, im Winter Ei-seskälte, und zu allen Jahreszeiten sind diese Täler plötzlichen, heftigen Stürmen ausgesetzt, gegen die weder Mensch noch Tier ankommen. Dort grüßt im Juli am Wegesrand, in Felsspalten am Fluss und hoch oben am Steilhang diese Lilie den müden Wanderer. Und dies nicht zu zweien oder dreien, sondern zu Hunderten, Tausenden, ja Zehntausenden. Ihre schlanken Stängel, von denen jeder zwischen zwei und vier Fuß lang, biegsam und straff wie Stahl ist, überragen das grobe Buschwerk" (zit. bei M. Jefferson-Brown).

Wilson brachte von dieser Pflanzenexpedition 7000 Lilienzwiebeln mit, aber auch sein „Liliengehumpel", wie er es bezeichnete. Auf einem engen Pfad traf ihn ein herabstürzender Felsbrocken so

Lilien bringen mit ihrem Erscheinen Bewegung ins sommerliche Beet. In kleinen Gruppen gepflanzt kommen sie am besten zur Geltung.

Lässt man die stärkste Trompete ausreifen, kann man die Lilien aus Samen ziehen. Sie blühen nach 2–3 Jahren.

unglücklich, dass er einen doppelten Oberschenkelbruch erlitt. Nach tagelangen, qualvollen Märschen zum nächsten Missionslager setzte Wundbrand ein. Der Missionsarzt riet zur Beinabnahme, doch der draufgängerische Wilson ließ das nicht zu. Die Infektion ging zum Glück zurück. Geblieben ist ihm aber sein „Liliengehumpel" (Whittle).

Im Garten behagt es den Königslilien, eingebettet zwischen anderen Pflanzen zu stehen, sei es, weil sie so vor Wind geschützt sind, die Zwiebeln beschattet sind oder weil sie gleichmäßigere Bodenverhältnisse vorfinden. Das bisschen Platz, den die Zwiebeln für sich beanspruchen, ein Humusbett mit gutem Wasserabzug und genügend Zeit zum Einziehen nach der Blüte muss man ihnen zugestehen. Mit kleinen Bambusstäben markiere ich ihre Pflanzstellen, um sie nicht beim Jäten versehentlich zu verletzen oder gar auszugraben.

Die Farbe der Clematis spiegelt sich in den Blüten des Gamanders und der purpurvioletten Lichtnelke, *Lychnis coronaria*, wider. Lichtnelken sind dankbare Begleiter im Garten, die sich in manchen Jahren in Scharen aussamen. Die kleinen violettroten Blüten sitzen zwischen einem verzweigten, filzigweißen Stängelgerüst. Sie bilden immer wieder neue Blüten, wenn man Altes entfernt.

Gamander, *Teucrium* 'Paradise Delight' (Abb. S. 143), beobachte ich erst seit zwei Jahren im Garten und schon zeigt er sich von seiner schönsten Seite. Die Farben der spitzen Blütenkerzen wechseln von Altrosa zu dunklem Violett. Die stimmungsvollen Blüten erscheinen unermüdlich bis zum ersten Frost, wenn man die Mühe nicht scheut, laufend Verblühtes zu entfernen. Ob Gamander durch die reichliche Selbstaussaat zu besitzergreifend wird, bleibt noch abzuwarten.

Im Schatten der Zwergkoloradotanne sorgen Tellerhortensien, Stockrose und Sonnenhut für eine lang anhaltende Blüte.

Anemone hupehensis und Dost, *Eupatorium maculatum* 'Atropurpureum', die zwei Großstauden, trösten mit ihren Blüten in den Herbst.

Den Wegrand entlang haben sich Glockenblumen und Fingerhut angesiedelt. Die Juli-
und Augustblüher, wie die Tellerhortensien,
Hydrangea serrata 'Imperatrice Eugenie',
Hydrangea macrophylla 'Teller rot' und 'Blue
Wave', der Sonnenhut, *Echinacea pallida,* und
eine Stockrose füllen einen kleinen Pflanzbe-
reich im Schatten der Zwergkoloradotanne
und des Chinaschilfs, *Miscanthus sinensis.*

Die kleinen Hortensiensträucher sehen in
Gruppen gepflanzt nicht nur am besten
aus, sondern sie benötigen alle die gleichen
moorbeetartigen Bedingungen. Die Blaufärbung bzw. die Rosafärbung der Blüten hängt
von der Bodenbeschaffenheit ab und natürlich von der Sorte. Saure Böden mit einem
pH-Wert von weniger als 5,5 bewirken eine
Blaufärbung der Blüten, während Böden mit
einem höheren pH-Wert für rosarote Blüten
sorgen.

Im August und September bringen die beiden
Großstauden, der amerikanische Dost, *Eupatorium maculatum* 'Atropurpureum', und die
chinesische *Anemone hupehensis* noch einen
erfrischenden und erfreulichen Anblick. Beide Pflanzen beanspruchen viel Platz, um ihre
Schönheit zeigen zu können. Gesteht man
ihnen diesen nicht zu, werden sie mit ihrem
Drang, sich auszubreiten, eher zum Garten-
ärgernis als zur Gartenfreude.

Der hohe kräftige Dost mit seinen düsteren,
weinroten Doldenblüten steht etwas starr,
während die hellvioletten, fröhlichen Blüten
und kugeligen Knospen der Anemone um ihn
herumtänzeln und das Bild aufheitern. Am
besten pflanzt man beide an den Gehölzrand
und lässt sie ungestört wachsen. Die Blüten
der Anemone, *Anemone hupehensis* 'Hadspen
Abundance', zeichnen sich durch eine besonders intensiv dunkelviolettrosa Farbgebung
aus, bilden kaum Ausläufer und eignen sich
daher auch für das feinere Staudenbeet an
sonnigen oder halbschattigen Standorten.

Sommerausklang mit Dost und Anemonen

151

Vom dichten Blattteppich zur Blütenpracht

Rahmenpflanzen entlang von Beeten spielen eine wichtige Rolle, da sie den Einstieg in die Betrachtung der Blumenbeete bilden. Wir gehen jeden Tag an ihnen vorüber und haben sie genau im Visier. Meist kommt es nicht so sehr auf die Blüte an, sondern vielmehr auf ihre schöne und interessante Blattstruktur. Wenn diese Pflanzen ihre Blätter eine Saison lang tadellos in Ordnung halten können und so dicht wachsen, dass auch keine Unkräuter aufkommen, stehen die Chan-

cen für sie gut, in der ersten Reihe sitzen zu dürfen. Natürlich müssen die Größenverhältnisse zu den dahinter liegenden oder angrenzenden Pflanzen sowie der unterschiedliche Charakter der Anlagen bedacht werden. Ein zartes Staudenbeet will anders gerahmt sein als eine kräftige Strauch- oder Baumbepflanzung. Diese Pflanzen sind das feste Gerüst, sozusagen das Orchester im Beet, das den dazwischen auftretenden Solisten erst zum harmonischen Auftritt verhilft.

Es gibt nichts Friedlicheres und Beruhigenderes als einen Blattteppich im Mai. Salbei, *Salvia officinalis* 'Purpurascens' (officinalis = als Arznei verwendet), mit seinen mattvioletten Blättern bildet breite, runde Polster, die sich auch über den Beetrand hinauslehnen. Ebenso dankbar als Polsterpflanze ist der in sanftem Gelb wachsende Salbei, *Salvia officinalis* 'Aurea'. Die Stauden mit reichlich Komposterde zu füttern hat sich auf die Blattentwicklung günstig ausgewirkt. Auf kargem

Violetter Salbei, Fetthennen, die grüngelben Blüten des Frauenmantels und Purpurglöckchen bilden einen dichten Teppich im Vordergrund. Dahinter leuchten die Silberblätter der Edelrauten. In dunklem Grün erscheinen die gezahnten Blätter der Kugeldistel.

Am sonnigen Wegrand bildet der Salbei, *Salvia officinalis* 'Aurea', bauschige Polster vor dem sattgrünen Buchs, *Buxus sempervirens*.

Purpurglöckchen, *Heuchera micrantha* 'Palace Purple', und silberblättriges Heiligenkraut, *Santolina chamaecyparissus*, bilden dichte Rahmenpflanzen. Auf die blaugrünen Blattschwerter mit hellem Silberstreif der *Iris pallida* 'Variegata' ist Verlass, denn sie behalten ihren Blattschmuck bis zum Herbst. Die lichtblauen Blüten erscheinen Anfang Juni.

Boden entwickeln sich Blüten, auf nährstoffreichem schönere Blätter. Alten Stöcken entnehme ich Stecklinge, die meist rasch anwachsen.

Es gibt einen nützlichen Aspekt, Salbei im Garten zu haben. Aus seinen Blättern lässt sich entzündungshemmender, hustenstillender Tee zubereiten. Noch verheißungsvoller aber lautet ein mittelalterlicher Merkspruch: „Cur moriatur homo, cui Salvia crescit in horto?" – Warum soll der Mensch sterben, wenn doch Salbei im Garten wächst? (M. Beuchert, 95)

Als dankbarer Wegbegleiter hat sich das Purpurglöckchen, *Heuchera micrantha* 'Palace Purple', erwiesen. Die schön strukturierten, lebhaft geäderten Blätter der Pflanze glänzen im Austrieb metallisch violettrot und breiten ihre herzförmigen Blätter den Boden bedeckend aus. Im Sommer schwirren die weißen Blütenrispen auf zarten Stielen über den roten Blättern, als würden sie nicht dazugehören. Als Halbimmergrüne hinterlassen die Purpurglöckchen auch im Winter keine kahlen Stellen. Zur Geltung kommen sie aber nur unter ihresgleichen, also in Gruppen gepflanzt. Sie gedeihen in jeder guten Gartenerde, in praller Sonne wie auch im lichten Schatten. Der Frost hebt die Wurzelstöcke oft aus der Erde. Dagegen hilft nur ein Teilen und frisches Einpflanzen.

Das Purpurglöckchen, *Heuchera sanguinea* 'Feuerlohe', kann ebenso als Randbepflanzung verwendet werden, allerdings bildet diese Staude zartere Blattrosetten. Ihre Stärke liegt doch mehr in der langen Blütezeit und ihren nicht zu übersehenden, leuchtenden rosa Farbtönen.

Dem Frauenmantel, Alchemilla, wörtlich der „Kleinen Alchemistin", wie sie aus dem Arabischen übersetzt heißt, wurden einst Wunderkräfte zugeschrieben. Es waren die glitzernden Tropfen auf den Blättern, von denen sich die Alchemisten in der Goldmacherkunst Wunder erwarteten. Etwas weniger geheimnisvoll klingt die Erklärung der glitzernden Perlen aus

Gartenansicht mit *Iris sibirica* im Vordergrund und den rosa Blütenähren der Purpurglöckchen, *Heuchera sanguinea* 'Feuerlohe', im Hintergrund.

der Sicht der Botaniker, die dieses Phänomen der Guttation (lat. gutta = Tropfen) zuschreiben. Die Wassertropfen entstehen durch Wasserspalten (Hydathoden) an den Zähnen der Blattränder und sammeln sich oft zu einer glitzernden Perle im Blattgrund.

Alchemilla mollis, die „kleine, weiche Al-

chemistin" (Abb. S. 90), ist gar nicht so klein und passt daher auch in Strauchrabatten. In größeren Gruppen gepflanzt, wirken die grüngelben Blüten wie aufgeschäumte Wollknäuel. Die gefalteten Blätter, die einem in Falten gelegten Bolero gleichen, brachten der Staude den deutschen Namen Frauenmantel ein. In der

Volksheilkunde wurde die Pflanze aber auch gegen allerlei Frauenleiden verwendet, obwohl ihr diese Fähigkeit aus wissenschaftlicher Sicht nicht nachgewiesen werden konnte. Der niedere Kriechfrauenmantel, *Alchemilla erythropoda* (Abb. S. 152), eignet sich für zartere Staudenbeetumrandungen. Die plissierten Blätter

154

bilden dichte Matten. Die winzig kleinen Blüten treten nicht als Einzelblüte hervor, sondern wirken im Gesamten flächig.

Sonnige und trockene Bedingungen wünschen sich die beiden immergrünen Halbsträucher, das Heiligenkraut, *Santolina chamaecyparissus,* und der Lavendel, die in warmen Mittelmeergebieten heimisch sind. Diese Kleinsträucher sind am Rand einer Bepflanzung am besten untergebracht. *Santolina chamaecyparissus* hat zypressenartige Blätter und bildet breite, flache Silberhügel. Durch die feine Struktur der Blätter und die subtile Form der

Pflanze verlieren Blüten an Bedeutung. Der Nachteil dieses kleinen Strauches ist aber seine Kurzlebigkeit. Will man ihn immer im Garten haben, müssen alte, verholzte Stöcke öfter durch neue ersetzt werden. Die empfohlene Maßnahme, das Heiligenkraut im Frühling stark zurückzuschneiden, hat sich bei meinen Pflanzen nicht bewährt. Sie konnten sich nach dem Rückschnitt nicht mehr erholen. Ausdauernder erweist sich der Lavendel (lat. lavare = waschen). *Lavandula angustifolia* 'Munstead' mit dunkelblauen Blütenähren und *Lavandula angustifolia* 'Hid-

cote' mit lilablauen wachsen schon seit vielen Jahren am Rand von Beeten. Ich schneide die kleinen Sträucher nach der Blüte ein wenig zurecht, und meist stellt sich bei der Sorte 'Hidcote' eine zweite Blüte ein. Einen kräftigeren Rückschnitt erhalten sie im Frühling. Der Lavendelschnitt ist eine der „duftigsten" Gartenarbeiten, bei der man sich ruhig etwas Zeit gönnen sollte. Will man Lavendelblüten trocknen, um den Duft auch durchs Haus ziehen zu lassen, schneidet man ihn während der Blüte.

Die immergrünen, runden Polster der Lavendelsträucher mit ihren silbergrünen Blättern sind nicht nur während der Blüte schöne Rahmenpflanzen. Gemeinsam mit Lampenputzergräsern, *Pennisetum alopecuroides*, die erst im Herbst ihre filigranen Blütenähren bilden, werden sie zum Winterbild beitragen, sofern sich die Schneedecke nicht gänzlich über sie breitet.

Primadonna spielt ihr Solostück

Keine meiner Stauden hatte es so schwer mit mir wie die Madonnenlilien. Es waren nicht die Lilien, die nicht wollten, es lag an meiner gärtnerischen Unerfahrenheit. Ausgerechnet zu der Madonnenlilie, *Lilium candidum*, pflanzte ich eine Rose. Auf die kompost- und mistreiche Erde, die für die Rose bestimmt war, reagierten die Lilien prompt. Ihre einst grünen Blattschöpfe erschlafften, vergilbten und bald war oberirdisch nichts mehr auszumachen.

Vielleicht war es Zufall, dass ich für die Madonnenlilie doch noch den passenden Platz fand. Die Reste meiner Zwiebeln pflanzte ich zu beiden Seiten einer kleinen Gartenstiege, dicht an deren Mauer. Hier gedeihen sie jetzt seit Jahren, strahlend und weiß. Zum Unterschied von anderen Lilien wollen sie für ihre Zwiebeln keine nährstoffreiche Erde, sondern poröse und leicht kalkhältige, was offenbar durch die Nähe des Mäuerchens gegeben ist. Sie wollen nur so tief gesetzt werden, dass sie die Glocken noch läuten hören, womit gemeint ist, dass die Spitzen der Zwiebeln fast sichtbar bleiben. Nach starken Regengüssen „lüfte" ich das Erdreich vorsichtig mit der Grabgabel rund um die Zwiebeln, damit die Erde nicht

verkrustet. Nach der Blüte ziehen sie ihre Blätter ein, um ab August wieder neue Blattschöpfe zu bilden. August ist auch die beste Pflanzzeit.

In mittelalterlichen Klostergärten zählten Madonnenlilien zur Hautevolee unter den Blumen, heute leider nicht mehr. Ein Überangebot an gängigen Lilienzwiebeln, wie sie in jedem Supermarkt erhältlich sind, hat sie wohl verdrängt. Die Madonnenlilie ist rar geworden. Oder haben wir ihr durch überdüngte Böden den Lebensraum entzogen? Vielleicht ist es ihr so ergangen wie der schönen, wilden Wegwarte, die an unseren Acker- und Wiesenrändern schon längst nicht mehr auf uns wartet. Die Eutrophierung, also Überdüngung, macht sich auch auf unseren Almwiesen durch die Viehwirtschaft bemerkbar. Germer, Brennnesseln und Kampfer beginnen die Flora der Almwiesen zu verdrängen.

Man sagt, die Liebe geht durch den Magen, und das war auch bei *Lilium candidum* so, zumindest was die Zwiebel betrifft. Vor 2 500 Jahren wurde sie in ihrer Heimat, dem östlichen Balkan und der Türkei, als Futterpflanze angebaut. Nützliche Pflanzen hatten es bei ihrer Verbreitung natürlich leichter, wenn sie essbar

und darüber hinaus auch noch schön waren. Als Heilpflanze gegen Schwellungen und Verbrennungen fanden die Lilienzwiebeln im Reisegepäck der Seefahrer und Soldaten ihren Platz, die damit ohne große Absicht auch zu deren Verbreitung beitrugen.

Kugeldisteln, *Echinops ritro* (griech. echinos = Igel), geben eine gute Partnerschaft für Madonnenlilien ab, auch wenn sie nicht gleichzeitig blühen. Mit ihren dunklen, graugrünen, tief gezahnten Blättern im Frühling und den stahlblauen Blüten im Juli strahlt die Kugeldistel kühle Eleganz aus. Schneidet man die Stiele nach der Blüte zurück, kann man sich über eine zweite Blüte im Herbst freuen.

In der Natur findet man die Kugeldistel weit verbreitet, von Südfrankreich bis Sibirien. Sie gibt sich mit steinigen, trockenen, durchlässigen Gartenböden zufrieden, will viel Sonne und ist somit die ideale Begleitpflanze für die Madonnenlilie, wenn sie ihr nicht zu nahe rückt. Sämlinge der Kugeldistel weichen oft im Farbton von der Mutterpflanze ab und werden häufig von Läusen überfallen. Daher ist die Teilung der Pflanze der bessere Weg, sie zu vermehren.

▷   Madonnenlilien, *Lilium candidum,* im Hintergrund die bizarren Blätter und Knospen von *Echinops ritro,* der Kugeldistel. Als Symbol für Weisheit, Recht und Macht waren Lilien auch in der profanen Welt auserwählte Blumen. Im Christentum aber wird *Lilium candidum* zur Auserkorenen. Als Blume der Reinheit und Unberührtheit überbringt Erzengel Gabriel die Frohbotschaft an Maria mit der Madonnenlilie, zumindest fehlt sie kaum auf einer mittelalterlichen Verkündigungsszene. In der Folge wurde sie die Blume aller Märtyrerinnen.

In den Blattteppich von einst ist Bewegung gekommen. Im Hintergrund leuchten die stahlblauen Bälle der Kugeldisteln, *Echinops ritro*, und die Silberblätter der Edelrauten. Die Fetthennen, *Sedum spectabile* 'Herbstfreude', in fahlen Grüntönen haben Konturen angenommen und Salbeiblüten bringen einige Blautöne in den Vordergrund.

Die Lotosblüte ist allein schon wegen ihrer stattlichen Höhe nicht mehr aus dem Blickfeld zu bekommen.

159

Die unermüdliche Blüherin, *Clematis tangutica,* ist eine wüchsige Kletterpflanze, die sich weit über die Pergola schwingt. Sie schmückt sich vom Hochsommer bis in den Herbst mit gelben, glockigen Blüten und den silbrig glänzenden Samenbärten.

Für eine Clematis ist immer noch Platz

„Die Pflanze gleicht den eigensinnigen Menschen, von denen man alles erhalten kann, wenn man sie nach ihrer Art behandelt. Ein ruhiger Blick, eine stille Consequenz, in jeder Jahreszeit, in jeder Stunde das ganz Gehörige zu thun, wird vielleicht von Niemand mehr als vom Gärtner verlangt", schreibt Goethe und trifft den Nagel auf den Kopf, wenn ich an die Waldreben, Clematis, denke. Damit diese auch wirklich gesund und kräftig gedeihen können, müssen alle Bedürfnisse der Pflanzen erfüllt werden. Das beginnt bei der Vorbereitung der Pflanzstelle. So wenig Platz sie für ihren Wurzelstock auch beanspruchen, umso besser sollte der Inhalt des Pflanzloches sein. Clematis benötigen nährstoffreiche Erde,

also Kompost oder verrotteten Mist, aber mit Fingerspitzengefühl verabreicht. Ein Zuviel des Guten führt zu langen Trieben und Blättern anstatt zu Blüten. Die Waldrebe will für ihren Wurzelstock einen feuchten und kühlen Schattenplatz in durchlässiger Erde, für ihre Ranken aber einen sonnigen Ausblick, um Blüten bilden zu können. Den Schatten bieten ihr Bäume und Sträucher wie zum Beispiel Hibiscus, der seine Blüten erst im August zeigt. *Clematis* 'Hanaguruma' schmückt den Strauch mit ihrem rosa Blütenkranz schon im Juni.

Vor den diversen Schnittanleitungen sollte man nicht zu viel Respekt zeigen. Im Allgemeinen gilt die Regel, dass im Frühling blühende Arten oder Sorten wie

Clematis alpina gar nicht oder, wenn es sein muss, dann gleich nach der Blüte geschnitten werden, da sich ihre Blüten am alten Holz bilden. Clematis, die im Sommer und im Herbst blühen, erhalten den Rückschnitt im Frühling, wobei 5–6 Augen erhalten bleiben.

Beim Kauf einer Clematis findet man immer die dazu passende Schnittanleitung.

▷ Leuchtend rote Glocken der *Clematis texensis* 'Duchess of Albany' und weiße Blütenteller der *Clematis* 'Madame le Coultre' umranken das Geländer. Im Hintergrund sind die Astilben erblüht, die mit ihrem dichten, gefiederten Blattwerk in der übrigen Zeit als Bodendecker fungieren.

Um den verkahlten Stamm des Tulpenbaums, *Liriodendron tulipifera*, schlingt sich *Clematis montana* 'Tetrarose'.

Der Hibiscus schmückt sich im Juni mit fremden Federn, hier mit *Clematis* 'Hanaguruma'.

Ein Sorgenkind: der Bärenklau, *Acanthus mollis*

Gerne würde ich die tiefgrünen, glänzenden Riesenblätter des Bärenklaus in ihrer ganzen Pracht zeigen, wie sie die alten Griechen für die kunstvollen Kapitelle ihrer Säulen als Vorbild verwendeten, doch so existieren sie in meinem Garten nicht mehr. Sie sind meinem Nachahmungseifer zum Opfer gefallen, nachdem ich in den Büchern einer Schriftstellerin und Gartenliebhaberin gelesen hatte, wie man zu den „bezaubernden, creme-rosa-violett-farbenen Blütenkerzen zwischen herrlich gezackten Blättern" kommt. Dabei habe ich den Bärenklau nicht, wie Barbara Frischmuth, vor Ungeduld auf

Blüten halb ausgerissen. Interessanterweise reagierte die Pflanze in ihrem Garten darauf mit den ersehnten Blüten. Ich gab ihm eine weitere Chance und verlegte

Die kleine Blattrosette

seinen Standort an einen noch wärmeren Platz, in die Nähe der Steinmauer, und versorgte ihn im Frühjahr mit ausreichend Feuchtigkeit. Genau genommen habe ich mich in den letzten sieben Jahren mit den markanten, glänzenden Blättern schon zufrieden gegeben und mit Blüten gar nicht mehr gerechnet. Nun beginne ich von Neuem. Eine kleine Blattrosette war alles, was der Bärenklau hervorgebracht hat; ein Zeichen, doch noch mehr Geduld mit ihm zu haben. Bei Karl Foerster finde ich dafür die Bestätigung, wenn er meint, dass dieser Südländer neben etwas Zeit auch viel Sonne benötigt, um die statt-

liche Blütenstaude aufzubauen. Er empfiehlt die Sorte *Acanthus spinosa*, die für das nächste Gartenjahr schon auf meiner Wunschliste steht. „Auch mit Samenkapseln begegnete mir etwas Auffallendes", schreibt Goethe in seinen naturwissenschaftlichen Schriften. „Ich hatte derselben mehrere von *Acanthus mollis* nach Hause getragen und in einem offenen Kästchen niedergelegt: nun geschah es in einer Nacht, daß ich ein Knistern hörte und bald darauf das Umherspringen an Decke und Wände wie von kleinen Körpern. Ich erklärte mir's nicht gleich, fand aber nachher meine Schoten aufgesprungen und die Samen umherverstreut. Die Trockne des Zimmers hatte die Reife bis zu solcher Elastizität in wenigen Tagen vollendet."

Ob es die Samen in Goethes Garten wohl bis zur Blüte geschafft haben?

Dankbare Stauden, die bis zum Spätherbst durchhalten

An heißen, trockenen und steinigen Gegenden der Mittelmeerländer, vorzugsweise an Schutthalden entlang von gerade errichteten Autostraßen, breiten sich die roten Spornblumen in Windeseile aus. *Centranthus ruber* (griech. kèntron = Sporn; ànthos = Blüte) wird nur in magerer, kalkhältiger Erde in sonniger, trockener Lage zu einer reich blühenden Staude heranwachsen. Im Schatten verkrautet sie und ihre Blüten verblassen. Je kleiner die einzelnen Blüten einer Pflanze sind, umso besser ist es, sie in Gruppen auftreten zu lassen, und genau das besorgen die Spornblumen von Natur aus auch im Garten selbst. Ihre zierlichen roten Blüten werden im Verblühen zu rosa-weißen Wollköpfen aus Samenständen, die sich großzügig vermehren, wenn man es zulässt.

Schneidet man Verblühtes regelmäßig ab, erstreckt sich ihre Blütezeit von Mai bis September. Als Dauerblüherin mit attraktiven, blaugrünen Blättern ist die Spornblume daher auch als Rahmenpflanze willkommen.

◁ Spornblume, *Centranthus ruber*, links am Rand des Staudenbeetes mit weißem Fingerhut und blauen Irisblüten. Es ist immer spannend zu beobachten, welchen Farbton sich der Fingerhut, *Digitalis*, ausgesucht hat. In neutralem Weiß darf der Selbstaussamer natürlich bleiben.

▷ Die Spornblume hat sich zu *Clematis* 'Hagley Hybrid' gesellt und macht ihr den Platz an der warmen Steinmauer beinahe strittig. Rechts oben *Clematis* 'Alionushka'.

Die Edelraute (Beifuß, Wermut), *Artemisia ludoviciana,* bildet im Mai einen flachen Teppich, streckt sich aber bis zum Herbst auf 1 m Höhe. Aufsehen erregende Blüten darf man sich von Edelrauten nicht erwarten. Ihre Zierde sind die leuchtenden Silberblätter in der dienenden Rolle, andere Pflanzen noch besser ins Licht zu rücken. Die unscheinbaren, grauweißen Blütenrispen der Edelraute kürze ich zugunsten der Blattbildung ein. Das hat auch den Vorteil, dass die Triebe stärker werden und kaum gestützt werden müssen. Wie fast alle aromatisch duftenden Stauden wachsen Artemisien an warmen, trockenen Gartenplätzen in mäßig fruchtbarem, durchlässigem Boden. Sie genießen zwar den zweifelhaften Ruf zu wuchern, lassen sich aber durch Entfernen der Triebe gut im Zaum halten. Andererseits besitzt die Edelraute auch besondere Vorzüge, wenn man dem mittelalterlichen Merkspruch Glauben schenken darf, der versichert: „Wer Beifuß im Haus hat, dem kann der Teufel nichts anhaben."

Als Heilpflanze hat sich die Edelraute, *Artemisia ludoviciana,* seit langem bewährt. In China, wo viele Artemisienarten beheimatet sind, wird ihre Heilkraft auf eine besondere Weise genutzt. In eigens dafür eingerichteten Klinikabteilungen wird „gemoxt": Kranke Stellen werden mit Akupunkturnadeln versehen. Die Nadeln werden durch Räuchern (Moxen) mit Artemisiazigarren erwärmt, wodurch der Heilungsprozess unterstützt wird.

Ab März schieben sich die Triebe der Fetthenne, *Sedum spectabile* 'Herbstfreude', in wässrigen Grüntönen mit den anderen Stauden im Gleichklang in die Höhe. Im Herbst erst überragen sie das Staudenbeet. Nicht als Einzelpflanzen

In der Bildmitte trennt die silbrigblättrige Edelraute, *Artemisia ludoviciana*, wie ein Hahnenkamm die rosa angehauchte Fetthenne, *Sedum spectabile* 'Herbstfreude', von der weißen Herbstanemone 'Honorine Jobert'.

Samenwattebausch der Anemone im Winter

Clematis x jouiniana 'Praecox'

ziehen sie die Blicke auf sich, dazu fehlt den kleinen, sternförmigen Blüten das Spektakuläre. Als Gruppenpflanzen jedoch bilden sie anmutige Bänder in immer wieder wechselnden Farbtönen. Auch wenn sie Fetthennen heißen, erhalten sie eher magere Kost in wasserdurchlässiger, neutraler bis leicht alkalischer Erde. So bilden sie kompakte, feste Blütenstiele, die ihre Doldenblüten selbst tragen und nicht gestützt werden müssen.

Vom Frühling bis zum Herbst zeigen Anemonen ihre dunkelgrünen, dichten und gesunden Blätter im Beet, um zu später Stunde auch noch Herbstfreude zu verbreiten, wie die *Anemone* 'Honorine Jobert'. Mit ihren frischen, weißen Blüten und goldgelben Staubblättern erinnert sie eher an den Frühling als an den nahenden Winter. Um ihr Weiß etwas zu zügeln, pflanzte ich die Anemone gemeinsam mit den Silberblättern der Edelraute, *Artemisia ludoviciana*, vor eine graue Steinmauer. Will man es kontrastreicher, setzt man die weiße Anemone vor das satte Grün von Eiben oder niederen Latschen.

Anemone 'Honorine Jobert' zeichnet sich durch ihre lange Blütezeit und durch ein besonderes Winterbild aus. Nach den ersten Frösten beginnen die runden Samenkapseln aufzuplatzen. Die Samen quellen heraus und hängen wie Zuckerwatte an den dürren Stielen.

Auch die Bleiwurz, *Ceratostigma plumbaginoides* (lat. plumbum = Blei), und die Waldrebe, *Clematis x jouiniana* 'Praecox', haben sich ihre Blüten für den Herbst vorbehalten. Den Ruf, nicht wintertaug-

Bleiwurzblüten und Clematissamen

lich zu sein, hat sich die Bleiwurz mit ihrem späten Austrieb selbst eingehandelt. Man muss sich bis Mitte Mai gedulden, bis sie wieder ein Lebenszeichen von sich gibt. In den ersten Jahren sollte man als Winterschutz eine Laubschicht über die Pflanzen breiten. Hat sich die Bleiwurz einmal etabliert, bildet sie einen dichten Blatteppich. Einen überraschenden Anblick bietet sie im September, wenn die kleinen enzianblauen Blüten über den herbstlich roten Blättern stehen.

Gemeinsam mit der Bleiwurz blüht *Clematis x jouiniana* 'Praecox' mit unzähligen, bläulich schimmernden Sternchenblüten. Sie tanzt in der Familie der Waldreben etwas aus der Reihe, denn sie braucht keine Stützen. Sie breitet sich auf dem Boden aus und bildet dichte Matten. Im Frühling wird sie auf drei bis vier Knospen zurückgeschnitten und das ist der einzige Arbeitsaufwand, den sie uns bereitet. Beide, Bleiwurz und Clematis, eignen sich für eine größere Flächenbepflanzung an sonnigen Gartenplätzen, auf Hanglagen oder auch als Bodendecker unter Sträuchern und Koniferen. Mit dem Austrieb im Frühling lassen beide Pflanzen lange auf sich warten. Ich versuchte die Übergangszeit mit Wildtulpen zu überbrücken, doch die kleinen Zwiebeln schafften es bisher nicht, sich zu vermehren. Auf der Flucht vor lärmenden landwirtschaftlichen Geräten in unserer Umgebung versammelt sich in diesem Teil des Gartens so ziemlich alles, was sich unter der Erde an Wühlern und Fressern bewegt. Auch wenn die Maulwürfe die Tulpenzwiebeln nur verwühlen, gefressen werden sie meist doch: von Wühlmäusen.

Für eine weiße Tulpengruppe im wohlbehüteten Staudenbeet zu sorgen, daran hindern mich eigentlich keine Mäuseangriffe, sondern die berüchtigte Gartenmüdigkeit, die mich im Herbst immer wieder einholt. Zu dieser Zeit, im Oktober und November, wo sich andere Gartenliebhaber mit dem Stecken von Tulpenzwiebeln beschäftigen, träume ich von Schneedecken, die sich schützend über den Garten breiten und mich alles Unerledigte vergessen lassen. Um diese Zeit spiele ich eher mit dem Gedanken, die Pflanzen einmal ohne Winterschutz, also in Survivalart, durch die kalte Jahreszeit gehen zu lassen.

Mit den ersten bedrohlichen Kahlfrösten aber kommt Erbarmen auf, und mit Reisigbündeln ausgestattet eile ich durch den Garten und es wird wieder geschützt, was zu schützen ist, denn der nächste Frühling und damit ein neues Gartenjahr steht bevor.

September: *Clematis tangutica* hat die Pergola für sich erobert und zaubert neben schillernden Samenständen immer noch Blüten hervor. Mit blühenden Purpurglöckchen, Fetthennen und dem frischen Weiß der Anemonen geht das Gartenjahr zu Ende.

Vorfrühlingsgefühle

Jedes Jahr im Februar wünschte ich, mehr Zaubernüsse gepflanzt zu haben, um beherzt Zweige für die Vase schneiden zu können. Der Duft der Blüten weckt ein wunderbares Vorfrühlingsgefühl. Ein paar warme Sonnenstrahlen im Februar reichen dem sonderbaren Strauch, um auch im Freien seine Blüten zu öffnen. Die gelb leuchtenden, gewundenen Blütenblätter der Zaubernuss, *Hamamelis mollis* 'Pallida', sehen aus wie kleine Sonnen im Schnee. Auch wenn noch frostige Tage hereinbrechen, trotzen sie der Kälte und bleiben uns lange erhalten. Die Blüten rollen sich zusammen und öffnen

sich wieder bei milderem Wetter. Erst im Herbst wird man wieder an die Zaubernuss erinnert, wenn sich die großen, glänzenden Blätter in orangegelber Färbung zeigen.

Nicht so unempfindlich gegen den Frost ist die Blüte der Japanischen Schweifähre, *Stachyurus praecox* (stachys = Ähre; oura = Schwanz), die so frühzeitig blüht. Deshalb haben wir den Perlschweif, wie er auch genannt wird, an einen geschützten Platz zwischen Sicheltanne und Zirbelkiefer gepflanzt. Die Anlagen der Blütentrauben bilden sich im Herbst und hängen gleichmäßig an den sparrigen Zweigen. Wie

uns die Schweifähre bewiesen hat, hält sie mitsamt den Knospen den kältesten Winter unbeschadet durch. Haben sich aber die hellgelben Perlenblüten Anfang März einmal geöffnet, gibt es kein Zurück, wie bei der Zaubernuss.

Die Elfenblume, *Epimedium x rubrum*, blüht zart und zerbrechlich, wie eine kleine Orchidee. Wenn sie nicht in Augenhöhe gepflanzt wird, kann sie leicht übersehen werden, obwohl die Blüten auf 20 cm hohen, verzweigten Stielen erscheinen. Nach der Blüte wachsen die marmorierten Blätter in Reih und Glied wie Soldaten, die sich hinter ihren Schil-

Die Zaubernuss, *Hamamelis mollis* 'Pallida', mit „Schneeblüten" im Februar

Die rahmweißen Glöckchen des Perlschweifs, *Stachyurus praecox,* öffnen sich nur zaghaft, als wüssten sie von der Gefahr, die ihnen bei Spätfrösten droht.

Wie ein kleiner Berserker durchbricht der Epimediumtrieb die eben erst aufgetaute Erde und ist nach ein bis zwei Wochen nicht mehr wieder zu erkennen.

Den lieblichen Elfenblumengesichtern haftet etwas phantastisch Zauberhaftes an.

Frühlingsbild mit Schneerosen

Nach der Blüte der Elfenblume, *Epimedium x rubrum*, bilden sich die marmorierten, rot gerandeten Blätter, die einen dichten Bodendecker bilden. Die kleine weiße Akelei behauptet sich dazwischen erstaunlich gut.

Frühlingserwachen: Japanischer Fächerahorn, *Acer japonicum* 'Aconitifolium', Ahornblüten und Ahornblätter bei ihrer Entfaltung

den verbergen. *Epimedium x rubrum* mit hellgrünen Blättern, die zinnoberrot gerahmt sind, ist eine besonders anmutige Blattpflanze, und das das ganze Jahr.

Die Blütenähren brechen sich schon zeitig im Frühling einen Weg durch das nahezu wintergrüne Laub. Es fällt nicht leicht, die dunkelgrünen Blätter, die den Winter so gut überstanden haben, zu entfernen. Doch es muss sein. Anfang März schneide ich das alte Laub bis auf den Grund zurück, um den Elfenblumen zu ihrem Auftritt zu verhelfen. So zart auch die Blütenähren sein mögen, der Wurzelstock ist es nicht. Er wächst in guter Gartenerde kräftig heran, breitet sich mit seinen Rhizomen langsam aus und wird zu einem dichten Bodendecker. Ähnlich verhält es sich mit dem heimischen Immergrün, *Vinca minor*. Will man die hellblauen Blüten sehen, muss das alte Laub zeitig im Frühling entfernt werden. Die Elfenblume und das Immergrün bevorzugen Standplätze in lichtem Schatten.

Die zarte Schneeforsythie, *Abeliophyllum distichum* (Abb. S. 81), ein Ölbaumgewächs, ist das ganze Jahr über unauffällig und nimmt so wenig Platz in Anspruch, dass man sie ganz vergisst. Doch welch liebe Überraschung bereitet sie uns im März, zu einer Zeit, in der blühende Sträucher noch selten sind. An den gebogenen Zweigen sitzen zartrosafarbige, duftende Blüten, die ganz geöffnet ihrem Namen gerecht und schneeweiß werden. Der lockere Strauch wächst langsam, wird etwa 1 Meter hoch, wobei einige Zweige 2–3 Meter um sich greifen. Die Schneeforsythie wurde aus Korea eingeführt, ist eine Verwandte der herkömmlichen gelben Forsythie und lässt sich leicht durch Absenker vermehren.

Scheinhaseln sind anmutige Sträucher, die meist über eine Höhe von 1,5 m nicht hinauskommen und nicht geschnitten werden müssen. In gleichmäßigen Abständen hängen die Blütentrauben an den verzweigten Ästen von *Corylopsis pauciflora*. Der ganze Strauch ist in Pastellgelb getaucht und blüht reichlich. *Corylopsis spicata* wächst etwas aufrechter, blüht nicht so reichlich, hat aber größere Blütentrauben. Beide Sträucher wären eine nette Abwechslung oder Ergänzung zur bestehenden Forsythienübermacht in unseren Gärten.

Der Anblick des Kanadischen Hartriegels, *Cornus canadensis*, am Rand des Moorbeetes ist herzerfrischend. Er blüht im Mai und wird etwa 15–20 cm groß. Die vier strahlend weißen Brakteen mit dunklem Blütenköpfchen stehen im Zentrum der Blattrosette und schauen dem Betrachter offen ins Auge. *Cornus canadensis* ist eine kriechende Rhizomstaude und daher nicht einfach an Ort und Stelle zu halten. Die Ausläufer verkriechen sich unter Büsche, sodass man sie leicht verliert. Ich habe versuchsweise die Wurzeln in einen eingegrabenen Tontopf gepflanzt: der Kanadische Hartriegel ist zwar noch an seinem Platz, aber blühen will er so eingepfercht leider nicht ausreichend.

Jungfräuliche Scheinhaselblüte, noch verschleiert

Corylopsis spicata, als Enthüllte

Eine der ersten im Frühling: die Lenzrose, *Helleborus orientalis* Hybride, in Altrosa

Mit der Blüte des Kanadischen Hartriegels ist auch die Rhododendrenzeit eröffnet, und man beobachtet voll Spannung, was das neue Gartenjahr wieder zu bieten hat.

Literatur

Bärtels, A.: Das große Buch der Ziergehölze. Eugen Ulmer GmbH & Co., Stuttgart 1955.

Bärtels, A.: Kostbarkeiten aus ostasiatischen Gärten. Verlag Eugen Ulmer, Stuttgart 1987.

Beuchert, M.: Die Gärten Chinas. Eugen Diederichs Verlag, Köln 1983.

Beuchert, M.: Symbolik der Pflanzen. Insel Verlag, Frankfurt am Main 1995.

Borchardt, R.: Der leidenschaftliche Gärtner. Ernst Klett Verlag, Stuttgart 1968.

Bisgrove, R.: Die Gärten der Gertrude Jekyll. Eugen Ulmer GmbH & Co., Stuttgart 1994.

Case, F. W., Case, B. R.: Trilliums. Timber Press, Inc., Portland, Oregon 1997.

Dahl J.: Der neugierige Gärtner. Manuscriptum Verlagsbuchhandlung Thomas Hoof KG, Stuttgart 2002.

DuMont's große Pflanzen-Enzyklopädie A–Z. DuMont Buchverlag, Köln 1998.

Foerster K.: Freude und Ärger im Garten. Eugen Ulmer GmbH & Co., Stuttgart 2001.

Fretwell, B.: Clematis. Stedtfeld Verlag GmbH, Münster 1990.

Frischmuth, B.: Fingerkraut und Feenhandschuh. Aufbau-Verlag GmbH, Berlin 1999.

Frischmuth, B.: Löwenmaul und Irisschwert. Aufbau-Verlag GmbH, Berlin 2003.

Gelderen, C. J. van / Gelderen, D. M. van: Maples for Gardens. Timber Press, Inc., Portland, Oregon 1999.

Goethe, J. W. v.: Gesammelte Werke, Hanser Verlag, München/Wien 1996.

Grey-Wilson, Ch.: Poppies. B. T. Batsford Ltd, London 1995.

Hensel, W.: Gartenirrtümer. Franckh-Kosmos Verlags-GmbH & Co., Stuttgart 2004.

Heß, D.: Alpenblumen. Verlag Eugen Ulmer GmbH & Co, Stuttgart 2001.

Jefferson-Brown, M.: Lilien. Christian Verlag, München 2004.

King, M. / Oudolf P.: Zarte und prachtvolle Gräser. DuMont Buchverlag, Köln 1997.

Keen, M.: Gärten in allen Farben. BLV Verlagsgesellschaft mbH, München 1992.

Köhlein, F. / Menzel, P./ Bärtels, A.: Das große Ulmer-Buch der Gartenpflanzen. Eugen Ulmer GmbH & Co., Stuttgart 2000.

Pardatscher, G.: Magnolien. Eugen Ulmer GmbH & Co., Stuttgart 1995.

Phillips, R. / Rix, M.: Stauden in Natur und Garten. Droemersche Verlagsanstalt, München 1992.

Rivière M.: Prachtvolle Päonien. Eugen Ulmer GmbH & Co., Stuttgart 1996.

Sackvill-West, V.: Aus meinem Garten. Ullstein Verlag, Berlin 1998.

Schubert, R. / Wagner, G.: Botanisches Wörterbuch. Eugen Ulmer GmbH & Co., Stuttgart 1993.

Whittle, T.: Pflanzenjäger, Prestel-Verlag, München 1971.

Dank

Für die Mithilfe beim Zustandekommen des Gartenbuches danken wir ganz besonders Heimo Bauer, Johann Jagersberger und Paul Lorenz für die Unterweisungen am Computer, Max J. Hiti und Helmut Machowetz für das Lektorat, Anneliese Schabhüttl und der Baumschule Hödl für die Hilfe bei der Pflanzenbestimmung, Prof. Stefan Vladar, dem geistigen Mentor, der uns durch seine Planung vor 14 Jahren zur architektonischen Umgestaltung des Gartens anregte, und nicht zuletzt Milan Podsečki für die tatkräftige Mithilfe bei der Gartenarbeit.

Bezugsquellen der Pflanzen:
Gärtnereien und Baumschulen: Bakker, Holland; Hödl, Vasoldsberg / Stmk.; Kohlfürst, Graz; Lederleitner, Graz; Ledolter, Graz; Praskac, Tulln / Donau; Schabhüttl, Graz; Teich und Garten, Graz; Viellieber, Graz; Westphal / Clematis, D-Prisdorf; Zenz, Grambach.

▷ Melancholie unter dem herbstlich eingefärbten Ahorn, *Acer japonicum* 'Aconitifolium'.

172

Verzeichnis der Pflanzen